大象上树和
搜巫者的故事

An Elephant Up a Tree
Witches and Witch-Finders

[美] 亨德里克·威廉·房龙◎著

祝翠霞◎译

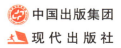

中国出版集团

现代出版社

图书在版编目（ＣＩＰ）数据

　　大象上树和搜巫者的故事 /（美）房龙著；祝翠霞
译 . -- 北京 : 现代出版社，2016.3（2023.9 重印）
　　（房龙真知灼见系列）
　　ISBN 978-7-5143-4523-0

　　Ⅰ . ①大… Ⅱ . ①房… ②祝… Ⅲ . ①社会人类学—
青少年读物 Ⅳ . ① C912.4-49

　　中国版本图书馆 CIP 数据核字 (2016) 第 024002 号

大象上树和搜巫者的故事

著　　者	（美）亨德里克·威廉·房龙
译　　者	祝翠霞
责任编辑	周显亮　　袁子茵
出版发行	现代出版社
地　　址	北京市安定门外安华里 504 号
邮政编码	100011
电　　话	010-64267325　010-64245264（传真）
网　　址	www.1980xd.com
电子信箱	xiandai@vip.sina.com
印　　刷	永清县晔盛亚胶印有限公司
开　　本	700mm×1000mm　1 / 16
印　　张	10
版　　次	2016 年 4 月第 1 版
印　　次	2023 年 9 月第 5 次印刷
书　　号	ISBN 978-7-5143-4523-0
定　　价	58.00 元

亨德里克·威廉·房龙4岁的时候开始画画。47年①以前，他还是个荷兰小男孩，住在低于海平面12英尺的地方。9岁时他开始写世界历史百科全书，不过不久就用完了纸。尽管如此，他一直坚持画画和写作。今天，他画的画和写的书为20个国家的成人和孩子所熟悉和喜欢。

作为一个荷兰年轻人，他为了当海军而学习，又学过医学、音乐和法律。然而不知怎么，他不顾父母的反对成了作家，不是用他的母语荷兰语写作，而是用他20岁时学的英语。

这是他最受人喜欢的几本书：

《房龙地理》

《人类的故事》

《R.V.R.》（关于伟大的荷兰画家伦勃朗的书）

《古代的人》

---

① 指本书英文版出版时间1933年以前47年，书中其他各处时间若非特别说明，都以此为准。——译者注

去教堂 ▲

野外

他和他的腊肠犬朋友的告别极其令人感动。事实上，他们哭得如此厉害，以至于之后27天内，码头都不用清洗了。

船驶向大海，面条向站在后面甲板上的黑影挥舞着他那绑着绷带的小爪子，直到一只喷着浓烟的拖船挡住了他的视线。

目录

大象上树和
搜巫者的故事

01 大象上树

　　当亨德里克·房龙开始写作《大象上树》时，他的本意是要写一本给孩子们看的书。故事写作过程中，他发现很难拒绝给已经长大的孩子偶尔说些精辟、有哲理的话。结果是写成了一本现代版的《爱丽丝梦游奇境记》或者《格列佛游记》，这是那种父母买给孩子，但从书店回家的路上却偷偷拿出来自己浏览，并在孩子看之前津津有味阅读的书。

　　《大象上树》是关于约翰爵士的故事，这头很有魅力的大象，在人间旅行，学习人类怎么生活。他经历了令人激动的冒险，他的朋友们——腊肠犬面条和猫咪第欧根尼也一样。故事结尾，你将了解到大象决定继续做大象的真实原因。

　　书中每页都有亨德里克·房龙诙谐有趣的黑白插图，对故事里的特定之处加以说明。此外，还有四幅充满吸引力的彩色图画。

　　这是有关约翰爵士或大象为何决定继续做大象的真实故事，是在第一个厚皮动物出生后29395721年，即我们人类所说的公元1933年，由他们中的一个讲述的（然而，你知我知，你一定不能告诉其他任何人）。

　　那年，鹳比往常返回的时间早得多。

　　商业萧条令人失望。

　　人类出了问题。

飞鸟

每个人对不久的未来都感到靠不住，因此，人们不想再添孩子。

"有什么用呢？"他们问自己。要么会有另一场战争，我们的子女都会被杀死；要么，如果我们逃过一劫，各国仍将继续争吵，就像现在这样，直到我们所有人都没有任何食物。所以，为什么要自寻烦恼呢？

以前批发孩子①的大城市，现在好说歹说才仅仅订购13个孩子。在农村，过去的农民对每个家庭少于5个男孩和5个女孩绝不会满意（这样才能以很低的成本经营他们心爱的老农场），现在，他们也在缩小家庭规模，因为种粮食和蔬菜都亏本。

鹳决定结束一季的买卖，比往常提前几个月飞回他们世代祖居的青蛙池塘，青蛙池塘位于非洲的中心地带。

当然，鹳对自己的失败感到困窘，因为他们与人类彼此联系的时间很漫长，他们只能从庞大的数目和产出的增加方面看待"成功"。现在，对

---

① 西俗以白鹳为送子鸟，因此，故事中把生孩子戏称为向白鹳订购孩子。——译者注

3

鹈

他们来说，承认这是他们从事送子行业1349876年中最坏的一年并不容易。

因此，他们去找前法官所罗门·P.巴诺尔寻求建议，他是整个群落最著名的公共关系顾问之一。在他们付了他一万只青蛙之后，他回到他的个人工作室（在一个树洞里），连续想了三个晚上（他只能在晚上工作），然后"呼呼"大叫。当鹈聚集在他周围时，他告诉他们，他想出了一个保证让他们的顾客满意的办法。

"你们必须把这个问题搞乱，"他告诉他们，"那一直是最好的商业策略。当你失败的时候，要让全世界认为你成功了。你们得不到必需的订单，是因为如今人类的处境非常糟糕。很好，别让任何人知道真实状况或你们突然回来的原因。告诉人们，你们回来比往常早是因为生意比以往任何时候都好。他们会相信你们，因为在商业社会，一个人怎么评价自己，别人就怎么看待他。"

鹈认为这是个绝妙的主意，他们努力干起来。

他们整天都在叽叽喳喳、喋喋不休地谈论着他们亲眼所见的人类日新月异的发展。因为很少有其他动物知道他们在谈论什么，鹈的谣言被当作福音书的真理。

渐渐地，他们开始怀疑，几百万年前，当他们的祖先决定做动物，而让人类另谋生路时，他们是否犯了一个严重的错误。

实际上，鹈很快就说服其他动物进入一种狂热亢奋的状态，每个家庭都堕落成一个争吵不休的群体。孩子们目无尊长，女儿反对母亲，儿子对父亲咆哮，整个更年轻的一代都用后腿直立行走，并大声宣称，抛弃动物的束缚、拥抱人类更优越的生活方式的时刻终于来到。

幸运的是，在他们采取最后、最关键的一步前，一些更冷静的头脑（长颈鹿总是头脑冷静，因为长长的脖子让他们超然于每天的混乱状态之外）劝说其他动物让大象来解决问题。因为，大象自古以来就比其他动物拥有更智慧、更敏锐的名声，他们以说话做事深思熟虑、谨小慎微而闻名。

经过三个星期的认真讨论后，大象决定向他们值得尊敬的老朋友——广为人知的圣人古杜姆·古杜姆请教。因为厌倦了同类的愚蠢，古杜姆·古杜姆几千年前遁入荒野。从此，他在一个低矮、陡峭的山顶上冥想度日。

古杜姆·古杜姆过着一种完全隐居的生活，从不和任何生灵说话。但有时，当他的同胞遇到麻烦时，他愿意以他的建议帮助他们。每逢这时，就必须把一封书信送到侍者猴子乔那儿，他已经给古杜姆·古杜姆当了差不多300年的男仆。每当古杜姆·古杜姆拉铃表示他饿了的时候，猴子乔都会爬到主人的孤峰上给他送食物：一盘杂乱的干草和一杯水。

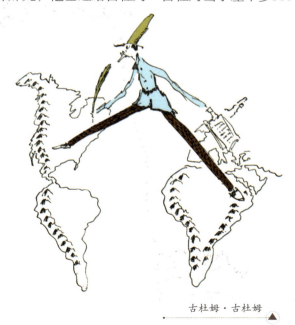

因为古杜姆·古杜姆住的地方有各种危险的爬行动物出没（蛇、奴隶监工和大型动物猎手），最凶猛的狮子里纳尔多·列奥尼达斯被派去送信。由

古杜姆·古杜姆

大象自古以来就比其他动物拥有更智慧、更敏锐的名声，他们以说话做事深思熟虑、谨小慎微而闻名。

于慷慨大方的天性（他严厉的外表掩饰了他柔软的内心），他非常乐意效劳。不过，他要求把信系在他的尾巴上，这样他遇到敌人的时候他的爪子可以随时准备应战。

至于那封信，它详细说明了自从鹳让年轻一代亢奋于"接受白人的生活方式"这种想法在动物中间引起的麻烦，希望古杜姆·古杜姆亲切地告诉他这些四条腿的朋友们，怎样结束这场纷争，让和平再次降临动物世界。

两周后，跑得飞快的狷羚跳跃着带回古杜姆·古杜姆的回信。信里说："吃一堑，长一智。年轻人必须通过经验来学习。让好奇的人自己想办法。"

那听起来像是有健全常识的大象的意思。

唯一需要解决的问题是：他们能委托谁完成如此重要的使命？

然而，这个问题并没有像开始想得那么困难。整个族群显然没有谁像老

两周后，跑得飞快的狷羚跳跃着带回古杜姆·古杜姆的回信。

老鳄鱼古纳希·古纳希的早餐被约翰爵士毁掉了，由此导致了一场鳄鱼和整个大象族群的长期争斗。

约翰·艾斐勒斯爵士一样德高望重。他曾住在坦噶尼喀湖附近，是著名的乳齿象勋爵猛犸的直系后裔（第1398387代）。这位猛犸勋爵现在是富兰克林·罗斯福总统的近邻，因为他就在华盛顿史密斯学院里。早在非洲和印度仍是同一块大陆的上新世，猛犸勋爵就从锡兰（今斯里兰卡）搬到了尤尼亚韦兹地区。凭借令人畏惧的象牙，他把整个东非控制在自己强有力的象鼻之下。

不过，约翰爵士之所以受到如此推崇，还有一个原因。很多年前，英国政府授予他爵位，作为他曾救过英国王位继承人的褒奖。

在基伍河畔打猎途中，这个年轻的英国王储在芦苇丛中绊倒，如果不是约翰爵士在千钧一发之际抓住他，把他拉出来，毫无疑问他会被鳄鱼吃掉。

老鳄鱼古纳希·古纳希的早餐被约翰爵士毁掉了，由此导致了一场鳄鱼和整个大象族群的长期争斗。有一次，古纳希·古纳希差点抓住约翰爵士，但幸运的是，约翰逃掉了，除了象牙上的一个小洞外，毫发无损。出色的牙科学博士伍德·派克（Wood Pecker，即啄木鸟）——乌隆迪地区著名的牙医——巧妙地为约翰补好了这个洞，没人看得出来。不久，约翰爵士在基伍河边让古纳希·古纳希大吃了一惊。当时，这只可怕的爬行动物正在享受晚餐后的小憩，他刚刚享用了70只鸡、9只鸵鸟、11只土豚、3个当地人和半头河马。约翰敏捷地踩死了他。因为这种热心公益的行为，英国国王准许他把Q、E、D、F、O、B、P、D、Q、S、P、Q、R、C、O、D等字母作为名字后缀，这让约翰爵士更加名声大振。

水上船只

约翰爵士是一个外表英俊的小伙子，工作勤奋，拥有美好的前程。不久，他就获准向那年最惹眼的社交明星——乌桑巴拉可爱的提坦尼亚·盖伊表达敬意。她是老提坦·果阿第一次婚姻生下的女儿，母亲是珊伯·万格的老塞缪尔·麦克·桑普的遗孀。这位寡妇是乌藤古莱的一个玛各，她的母亲是"诺亚方舟"的女儿中非常出众的一个。"诺亚方舟"是一个高度排外的贵妇协会，她们的祖先可追溯到从大洪水中幸存下来的两头最早的小象，他们跟那场可怕灾难的其他幸存者都被诺亚这艘广为人知的船所拯救，方舟最后在亚拉腊山顶抛锚停泊。

这次见面（那是当年最重要的社交活动）四年后，约翰爵士和提坦尼亚夫人可爱的儿子诞生了，他们按他父亲的名字称他约翰。

小约翰在巨兽大学受到非常严格而良好的教育，学校当时仍在老校长、牧师耶利米·安泰博士的领导下。获得羊皮毕业证书后（在巨兽学校，这些毕业证其实是用河马皮做的），小约翰想安顿下来生活。因为他深深爱上了年轻可爱的波吕费玛·诺恩，一个害羞的小东西，刚满37岁，只有三吨重。由于这个原因，她父母认为她太年轻，还不能朝着神圣的婚姻迈出如此重要的一步。

因此，当父亲把小约翰找来，并告诉他，决定派他作为代表去学习白人的生活方式时，他很不开心。但是，他从小就被教育要服从尊长，所以，

他没有表现出任何失望，只是说："好的，爸爸，我会按你的吩咐做。"

接下来要做的事

小象

情就是准备必需的文件、护照和汇票。为了搞到这些，老约翰爵士爬到一座矮山的山顶（从英国地方政府所在地可以清晰地看到这边），用象鼻做出一个很大的问号，对英国官员来说，那是大象想跟他们沟通的信号。

喜欢约翰爵士的总督马上让他训练有素的猴子回答"是"。不到一个星期，所有需要的东西都安排妥当。5天后，年轻的约翰启程，出去见世面了。

他拿不准自己应该首先访问哪个国家，但这个难题很容易就被来自肯尼亚的长颈鹿朗戈—朗戈①和来自天堂村的老太太奥菲迪娅·S.内克②解决了。这两个知名人士有亲戚跟随马戏团旅行，他们经常收到这些亲戚来自世界各地的明信片。

"只有一个国家，"他们两个宣称，"能向我们展示白人文明的实际发展状况，那就是美国。"其他人没有反对意见，因为除了他们自己幸福的捕猎地，他们其实对世界知道得很少。于是，被推选出来完成这一重要使命的约翰踏上了旅途。

19××年（就如我告诉你的，所有这些发生在很久之前）5月12日，小约翰爵士离开桑给巴尔。旅行刚开始的时候，他晕船晕得厉害，在抵达马赛之前什么也不记得了。按照殖民政府的指示，他在马赛受到了隆重的接待。殖民政府仍旧梦想着建立一个庞大的法非帝国，把势力范围从大西洋伸展到太平洋。小约翰乘一辆特制的卡车穿越了法国，18小时后，他到达巴黎。

过去的2000年里，巴黎人在自家门前见过很多大人物，这是众人皆知的事实，他们几乎不用过街就能见到一个真正的沙皇或活着的皇后，甚至还可

---

① 朗戈—朗戈（L'Ongo-L'Ongo）。L'Ongo与"longer"即"更长"音近。——译注
② 奥菲迪娅·S.内克（Ophidea S. Nake）。Ophidea S. Nake与"ophidian"和"snake"音近，这两个词都是指蛇。——译注

门楼

以看到教皇或副主教，或者世界上最富的人。但大象到他们的城市正式访问，这还是第一次，当约翰爵士到达奥尔良火车站时，至少有70万人到场欢迎"托托"。

至今没有人知道为什么约翰爵士会被称为"托托"，直到去美国前，他都一直是"托托"。无论什么时候他沿着香榭丽舍大街行驶，这条漂亮的街道两边总是站满了孩子，牵着他们自己的小托托。

余下的日子里，约翰爵士做的事情就跟所有第一次来法国首都的大人物一样。他向无名士兵墓献了花圈，在巴黎歌剧院观看了庆祝演出。热情的观众怀着巨大的满足听了《大象进行曲》，一首由大提琴、定音鼓和低音大号演奏的曲子，是拉威尔先生特意为此创作的，他是著名的波莱罗舞曲的作者，并且还创作了很多其他令人喜爱的音乐，广播上经常播放其中的精选片段。

横跨大洋的旅行一帆风顺，除了一天早上，约翰爵士想参观一下驾驶台，向船长致敬。幸运的是，"企鹅岛号"是艘稳当的船。但是，之后，每当约翰爵士想做日常锻炼时，都被要求待在船中间的某处。作为一头温驯的动物，他总是按照别人的要求做，虽然天知道他肯定不是天生的胆小鬼卡斯帕。

说到这里，我应该提一下一件怪事，在巴黎这个城市及其快乐的市民中是非常典型的。紧随约翰爵士访问的三个星期里，整个城市都处于完全为大象而疯狂的状态。女人们戴着类似于大象耳朵的帽子；饭店不再把马肉做得看起来像牛排，而是把它做成"大象肉"；美容专家发明了一种新的擦脸粉，让每个人看起来像祖鲁人一样黑。

卡巴莱酒馆艺术家们没完没了地演唱着观众百听不厌的新流行歌曲："当托托吹起他的号角时，小号响起'托托'的声音。"3214596份拷贝不到十天就一售而空。

接着，达荷美国王和他的690个妻子以及12389个孩子来到巴黎，巴黎人又把约翰爵士抛到了脑后。

航程第七天，他们看到了陆地。第二天一早，约翰爵士被服务员叫醒，告诉他接待委员会5分钟后就上船。

汽船

这个消息吓坏了可怜的约翰爵士，他以为没人知道他来。但是，当那些代表美国总统和纽约市议会的高贵绅士们到他的船舱里欢迎他时，他们表现得非常

用滑轮组把大象升上去

亲切、友好，约翰爵士马上放松了很多，在给97个摄影师摆姿势、回答136个记者、43个专写情感故事的记者以及一个"大象，就是大象"的特别代表提问时，他露出了最灿烂的笑容。最后，接待委员会安排约翰爵士安全地登上了他们的交通船——"约翰·P.坦慕尼"号。几分钟后，纽约从晨晓的薄雾中渐渐显现，约翰第一次看到了这个神奇的城市。

提到曼哈顿的招待会和百老汇大街的迎接队伍，那是一个奇观，虽然有点累人。

19781922个电话簿被撕成碎片，抛撒在约翰爵士脚边，同时还抛撒了14392米彩色纸带。37825个清洁工花了5天来清扫这些废弃物。

自从纽约欢迎它的上一位"难忘的英雄"以来，已经过去了整整9个星期，人们逐渐感到无聊。

约翰爵士到旅馆时出现了一些小麻烦。安排给他的是92层的皇家套间，但是，没有一架电梯能容下他的庞大身躯。因此，决定用滑轮组把他升上去。到76层时约翰爵士感到晕眩，要求把自己放下来。

于是，部分地下室安排给他使用。约翰生活简朴，他说只要有吃的，就不在乎住在哪儿。

他们告诉约翰，正式的午餐准备好了，包括一小杯肉羹和半盘鸡肉沙拉。约翰爵士得知，所有来访的名人，从他们到达的那天直到他们离开，都只能吃鸡肉沙拉——只要他们能靠这个相当乏味的菜单生存到离开的那一天。

约翰爵士答复说，他需要稍微丰盛一点的食物。那之后，每天早晨都有三辆载重十吨的卡车给他运早餐。

接下来的几天过得迷迷糊糊。一辆二十吨重的卡车被安排给他使用，24个警察跟着他。约翰爵士从城市的一头被带到另一头。他眼前闪过（他的脑子开始变得像电影放映机）如下画面：

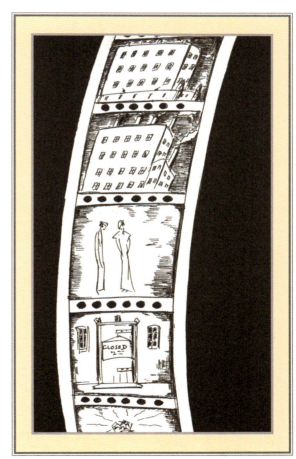

电影放映 ▲

最大的监狱
最大的工厂
最苗条的女人
最大的银行

15

最大的钻石

最高的房子

最快的飞机

他见到了美国最富有的人

他收到了长在佛蒙特州多塞特市的最大的苹果

他通过望远镜看到了坐在最高的旗杆上示威的人

所有这些给他留下深刻的印象，他认为人类的文明大大优于他们自己的文明，准备回家告诉他们。

然而，一天早晨，他听到一阵敲门声。天哪！是两个访客——约翰爵士到此为止遇到的最奇怪的动物，一个是枯瘦的腊肠犬，另一个是鼻梁上架着眼镜、外表邋遢的猫。

"嘘！"他的访客说，"安静点，别让任何人知道我们在这儿，我们想跟你谈谈，但是要秘密地谈。"

"我叫面条，"腊肠犬说，"我是条'兼职'狗。我一半的时间和一位

非常博学的人在一起，他知晓所有过去的事，但对现在一无所知。另一半时间我和一个非常有智慧的医生在一起，他不了解过去，但对现在了如指掌。因此，我是否可以这么说，我对事物有全面均衡的看法。

"这是第欧根尼，据说是世界上最聪明的猫。他生活在一条巷子中的一个桶里，恰好在市政大厅后面，因此，他可能永远记得人类的各种蠢行。这就是我们叫他第欧根尼的原因。

"我们知道发生了什么。人类擅长欺骗。他们向你展示一些事情，但只展示他们想让你看到的，难怪你印象深刻。现在，跟我们来，在你回家告诉老伙计们放弃他们的生活方式、变得像人类之前，也许你会改变主意。"

约翰爵士说这听起来合理。他们分享了约翰爵士为他们叫的一些小茶点（一根排骨和一罐奶油）后，他们踏上了发现之旅。

他们从后门悄悄溜出旅馆，约翰爵士让两个访客爬到他的背上，由小腊肠犬指路，出发了。

首先，他们看到商店摆满了食物，但是，外面的人没有钱买，因此，他们不得不挨饿。

随后，他们看到服装店挂满外套和正装，但是，外面的人没钱买，因此，他们只能在寒风中瑟瑟发抖。

他们看到领取救济食品的队伍望不到头，成千上万的男人、女人和孩子在领取仅能维持生存的面包和咖啡，因为他们无法挣到足够的钱养活他们自己。

他们看到港口停放的都是船，它们能从世界各地运送商品给需要的人，但是，船闲置着，因为没人买得起这些商品。

他们出了城，来到了乡村，看到能维持数千婴儿生存的牛奶一车车地被倒进沟里，因为多余的牛奶超出了人们的支付能力。

购衣

回到旅馆，约翰爵士为自己看到的一切感到困惑，他赶紧撕碎了他写的有关白人文明优越性的第一份报告。他认为在得出任何明确结论前，必须对这里的情况做更认真的研究。

港口停放的都是船

他睡下了。等他醒来时，旅馆经理称有三个年轻人想见他，有机密的事。

约翰爵士像往常一样彬彬有礼，邀请他们进来，倾听他们带来的信息。

一头大象和三个年轻人

出走

三个年轻人衣冠楚楚、整洁漂亮。他们是代表一个机械制造商来的，告诉他，这位制造商推出一种非常人道的新笼子来运输野生动物。他们请求约翰爵士前去检验这种新的机械，也许可以给他们做一个正式的宣传。

约翰爵士总是乐于助人，欣然同意。三个年轻人说这种新型车辆恰巧就停在后门外，他就热心地跟着他们出去了。他们建议他进去亲自试试，看看这种车比老式的移动笼子如何优越得多，他按照他们说的做了。

但是，他刚进去，一个年轻人就关上了门，而另一个启动了发动机。随后，三个人上了驾驶室的位置，他们以80英里的时速疾速离开。

一个可怕的念头闪进约翰爵士的脑海。他落入了绑架者之手，他们将把他卖给马戏团。

确实如此！

20

约翰爵士的失踪引起巨大轰动。对于这个杰出大象来访者的潜在命运，所有的报纸都刊出大标题的长篇报道。

在华盛顿，英国大使急急忙忙赶去白宫，提出最严重的抗议。因为，约翰爵士是英国国民，英国国王由衷地热爱并保护他的所有臣民，不管他们在哪儿受到伤害。

然而，大使阁下没有受到足够的重视（这一切发生在很多年前，在那位伟大的白人之父总统入驻白宫之前很久）。美国要求他写一份情况报告，要有完整的方案，并说明从第一年开始的大象通史。

但是，报告提交之后，它被有意悄悄地忽略了。因为，在那些不愉快的日子里，处理所有跟移民有关的事务的劳动部部长来自田纳西，他只对白种象感兴趣。

通过耽搁、拖延和借口，大象被绑架的事情渐渐从头版移到23版下方第七栏。

当所有的报纸都发消息说根本没什么绑架事件时，事情又突然火了一

追赶

21

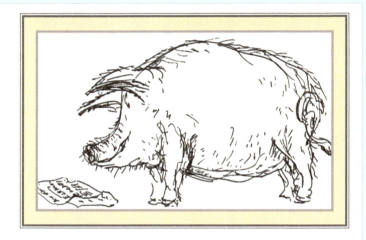

猪

下。年轻活泼的大象仅仅是爱上了附近动物园一头年轻的大象，并和她私奔了。

于是，公众说："啊，一个寻常故事。"很快忘掉了有关他的一切。这正是绑架者希望的，因为就是他们制造了这个谣言。

从那时起，就普通大众而言，可怜的约翰爵士的真实命运陷入绝对的黑暗中。事实上，只有两个人仍旧对他感兴趣。

每天晚上，猫咪第欧根尼和腊肠犬面条都会坐在第欧根尼的桶里，直到他们的最后一根蜡烛慢慢燃尽，他们思考该做什么，他们想啊想啊想。他们很喜欢约翰爵士，知道他不会做出报纸上说的事。

"不过，"第欧根尼（他了解他所处的世界）睿智地评论道，"那点小道消息会传遍世界，一定会传到某些'友好的朋友'那里。你知道白人在这方面是怎样的，即便那些几千年来都和人类联系密切的动物也好不到哪里去。"

"他们会相信报纸报道的有关他们邻居的任何丑陋和不愉快的事。约翰骄傲的父母绝不能忍受这种丢脸的事，他将伤透他所爱姑娘的心。"

突然，他们想出一个计划，他们几乎同时产生了这个想法。面条待在家里，努力筹一点钱为约翰爵士雇一个律师，看看在法庭上能做什么。同时，第欧根尼去非洲，把事情的真相告诉约翰的父母。作为猫，他能进入任何地方，不会引起别人的注意。

他们马上着手工作以获得必需的凭证——剪报、信件和来自几个其他动物的正式资料，因为第欧根尼担心，如果他没有任何书面或印刷的证据证明他自己，约翰那边的人会把他当成江湖骗子，不肯相信他。

然后，他和面条依依不舍地告别，从容地登上"企鹅岛号"，因为他听说这班轮船对动物客人最友善。

船上的其他猫一听说他要带到海外的那个任务，变得殷勤好客起来。第欧根尼在其哲学理想容许的范围内尽情享受自己的旅行。

龙卷风

23

一天，他打算在船上游览一番。最后他来到船尾的旗杆下。"可爱的月亮，"他自言自语，"我必须坐下来冥想一会儿。"

但就在这时，眼前突然漆黑一片。有人牢牢抓住他的颈背，三秒钟后他飞向空中，他的爪子松开那捆凭证——以前他从不让它们离开自己的视线。然后，"嗖"的一声，无数小的绿斑点闪现在面前，第欧根尼发现自己落入了大海。

这当然是绑架者所为。那些强盗到处都有眼线。其中一个听说第欧根尼的计划后搭乘了"企鹅岛号"。他四处跟着这只可怜的小猫咪，直到发生那可耻的攻击。

现在，他不由得暗自微笑，点燃一根香烟，到吸烟室要了一瓶香槟。"不错的一天，"他说，塞给服务员一张10美元的钞票。"问题解决了——那只猫！"

他说对了。整个晚上第欧根尼不停地游，想着向约翰爵士的亲属送信的使命。但是，到了早晨，他知道一切都结束了。他8次沉下去，8次回到水面，每次都要放弃他的一条命。然后，他永远闭上了自己忠诚的眼睛。他尽了他的责任。但这就是结果。

然而，动物在很多方面比我们人类不知道聪明多少，他们有一套自己的秘密沟通系统。所以，当可怜的第欧根尼飞向空中的那一刻，世界各地的所有动物种类都收到了下面的信息：

所有动物准备行动……一只叫第欧根尼、来自纽约、职业是哲学家的猫，刚刚成为一起最卑鄙的攻击的受害者……在西经76'42"北纬53'19"，他从开往欧洲的航班上被扔下船……距离现场最近者请速速前往救援……准备行动……所有的动物们……准备行动……无签名……结束。

从马撒葡萄园岛去格陵兰的鲸维尔纳听到了这条信息。

"我肯定在这个区域的某处，"他自言自语，"也许我能帮忙。"

就在此时，他感到背部一阵刺痛，好像20把刀子同时刺向他的身体。他急忙浮到海面查看，瞧！一只湿漉漉的小猫站在他脖子上，正把水从耳朵里抖出来。

"你叫第欧根尼？"维尔纳问。

"是的，"猫回答，"你叫什么？"

"维尔纳，"他答道，"很高兴遇见你，我刚听说了你的事。有什么能为你效劳的？"

"是的，"第欧根尼说，"你能带我去非洲吗？"

"我很乐意这么做，"维尔纳告诉他，"但是，你看，我们的鲸宝宝下周就要出生了，我答应我妻子待在她身边陪她。当然，格陵兰有点偏离你的方向。不过，一旦到了陆地上，去非洲的机会就很多……"他边说边以他巨大身躯的所有力量向前游去，因为他很着急。但是，谁能责备一个期待自己的头胎鲸宝宝顺利出生的准父亲呢？

第二天一早，一队海豚碰巧经过。说实话，第欧根尼情况很不好。

首先他晕得厉害，其次当维尔纳全速行驶时，从这头大鲸鱼头顶喷孔升起的水柱总是把水花溅到可怜的猫身上。

维尔纳注意到他的乘客情况糟糕，他叫住海豚，告诉他们情况，两个小海豚马上爬到鲸鱼背上，让第欧根尼不被打湿，并用他们自己的体温温暖他。第欧根尼感到饥饿时，一个海豚会跳下水，给他带回一条鱼。晚上，他们两个给他讲来自大海深处的传说，直到他在柔软的被单下睡着。

最后，他们在第九天到了格陵兰巨大的冰堤。瞧呀！维尔纳夫人和身旁的小奥拉夫（一头真正的鲸宝宝）等待迎接丈夫和父亲。

鲸爸爸很兴奋，他剧烈的喘息和鼻息几乎使第欧根尼窒息。见面的喜悦过后，他想起对客人的责任。在一个爱斯基摩小村庄附近，他看着第欧根尼安全上岸。所有的孩子跑出来迎接这位不期而至的客人，他们看到他是只猫时，就喊道："Ungatikanookatungkatitanokatook！"这是爱斯基摩语里的"你好"。他们把他带进圆顶冰屋，给他喝滚烫的海豹油（因为他又冷又饿，这东西吃起来就像美味的奶油），让他盖着海豹皮毯睡觉，皮毯上面绣着整齐的蓝绿色勿忘我和黄色雏菊。

爱斯基摩人对第欧根尼很友好，每当第欧根尼看他们游戏或跳舞时，就觉得他们是他所见过的最快乐、最知足的民族。如果不是强烈地意识到要去非洲给约翰的同胞送信的责任，他本来应该很快乐。

现在已经是下半年了，没有再从丹麦开出的船。爱斯基摩人不得不告诉第欧根尼，他恐怕只能等到来年春季才能离开。

有一天，第欧根尼正在散步，感到沮丧而闷闷不乐，他突然听到一阵轻微的抽泣声，好像有人在哭泣和深深地叹息。他爬到了一个低矮的"Nanatook"（也就是爱斯基摩语里的山）顶上，看到一头驯鹿被残忍的猎人藏在那儿的夹子给夹住了。

这是个很重的铁夹子。第欧根尼几乎报废了自己的一根手指，才终于打开它。驯鹿非常感激，他在第欧根尼的两个耳朵上亲吻。随后问他怎么会在这儿，因为猫很少到北部纬度这么高的地方。第欧根尼告诉了他一切，以及他只能等到来年春季才能离开这里是多么可恶，因为爱斯基摩人没有狗可以带他到南方港口，在那儿他或许有希望找到船。

于是，驯鹿说："你刚刚救了我的命，我会竭尽所能地回报你。我们请爱斯基摩人给

爱斯基摩人

停泊 ▲

你造个小雪橇，然后，我亲自带你到南方海岸。"

爱斯基摩人像以往一样乐于助人，马上着手为第欧根尼造了一个精致的小雪橇。他们又给他一套用柔软的鹿皮做的爱斯基摩衣服、一个爱斯基摩皮艇，万一他找不到船把他带回文明社会的话，就用得着了。

于是，在一个晴朗的日子，第欧根尼穿好漂亮的皮衣，和热情好客的爱斯基摩人依依不舍地告别，出发去南方。

晚上，他蜷缩在他忠实的朋友驯鹿温暖的肚子上，白天，他们则以最快的速度向南方进发。

他们终于到了格陵兰最南的海岸。但是，那里没有船。于是，第欧根尼取出他的爱斯基摩皮艇，把他纽约的地址给了驯鹿，以便他们将来互相写信。他向驯鹿表示感谢，眼泪顺着胡子流下来。然后，他扬帆起航，勇敢地向南方未知的水域驶去。

他行驶了九天九夜，没有看到一艘船，接着，他恐怖地发现，爱斯基摩皮艇漏水了。

他使劲往外舀水，但是没用。从他离开纽约，这是他第二次发现自己面对死亡。就在他完全放弃希望（爱斯基摩皮艇的底部已经全是水）时，他听到可怕的轰鸣声……轰隆隆……轰隆隆！

他吓得几乎魂不附体，以为是开着战船的强盗正在向他开火。当那艘船冲向他的时候，他知道末日到了，他决定宁死不投降。

爱斯基摩皮艇在他下面沉下去的时候，他瞥见一些水手的脸，他知道那不是他的敌人——绑架者。

他赶忙用尾巴卷在递向他的船钩上，被拉上了船。

这艘船虽然装着大炮，却是一艘和平船。每年有四个月在北边巡视，看是否有不同国家的渔民互相弄坏了彼此的网，或偷了对方的鱼。

船长和船员对第欧根尼都很好，几周前，他们在一场暴风中弄丢了自己船上的猫。船上有一只小猫咪，会有一种像家一样的感觉。

但是，船长担心一件事，那就是船上的规矩很严，里面没有提及如何对待从北冰洋里打捞出来的遭遇船难的猫。

他直截了当地警告第欧根尼——尽管他非常痛恨这样做——他们一到港口，就必须偷偷把他带上岸。"如果我的上司听说这件事，"他说，"我肯定会上军事法庭。"

起航 ▶

　　事实上，船一抛锚，船长的上司就听说了这件事。一个水手想证明他的船长是多么好心的一个人，就把这件事告诉了他的妻子，他的妻子告诉了自己的母亲，这位母亲又告诉了朋友，随后，整个城市当然都知道了这件事。船长被军事法庭传讯，接着，经过长时间的调查，法庭判他犯下19桩罪。不过，考虑到他之前38年出色的服务记录，虽然受到严厉指责，他还是被释放。他在升职表的位次中被退回到187位，如果他还希望成为海军中将的话，他必须等到741岁。

　　对第欧根尼来说，离开非常安静的格陵兰岛，身处城市街道的喧闹中，让他很困惑。大街上有成百万的自行车，他害怕被自行车撞倒。他因此逃到开阔的乡下。但是，在那儿他发现自己被长着四只手臂的怪物包围，它们不停地伸手够他，他只好返回城市，躲避那些可怕的四臂怪物发出的永不停歇的"嗖嗖"声。

他现在处境很差。没地方睡觉，没有食物，而且一直在下雨。一天傍晚，他在绝望中试图跑进一所大房子，那里看起来温暖、明亮、令人愉悦。但是，一个全身金光灿烂的大块头家伙厉声请他离开，否则就"踢他出去"。

第欧根尼太冷，管不了那么多了，他没有马上按那个人的命令做，结果，对方真的踢了他一脚。悲惨的第欧根尼跑掉了，他不知道去哪儿，便一头冲进街对面的一所房子，那儿没人拦他，相反，他们对他很有礼貌，它就像在那个令人畏惧的地方一样舒适温暖。

但是，温暖和食物的味道对第欧根尼来说太奢侈了。他刚进去，周围的一切突然天旋地转起来，他昏倒了。

他躺在地板上，一个和气的绅士走过来，喂他从煮锅里倒出的热牛奶。

广场聚会

他很快觉得脚有了足够的力气，准备马上离开。他的恩人说："急什么，疯狂之吉①？我很久没有见到像你这样可爱的小猫咪了。你一定从美国来。我叫艾弗特。坐下来待一会儿，告诉我们所有的事。"

他给第欧根尼一把有软垫的椅子，又给他要了一碗牛奶。第欧根尼觉得自己遇到了朋友，说出自己的故事是安全的。因此，他给他们讲了所有的细节，告诉他们他的使命，他为何必须到达非洲，不管付出什么代价。

"但是，"他悲哀地补充道，"我在被扔下船时，丢了所有证明文件，甚至你们都不见得肯相信我。"

叨信

①一只卡通猫的名字。——译者注

恰在此时，一个全身都是银纽扣的小
伙计，靠近桌子说："第欧根尼先
生在这儿吗？这里有封给他的
信，是从门底下塞进来
的，我们不知道谁送
过来的。"

第欧根尼把信封抓在手
里，上面用大号黑体字写着他
的名字。他打开信封，信不信由
你，里面是他所有的凭证，只是因为
海水和磨损有轻微破损。

他骄傲地给新朋友们看，直到多年以
后，他才知道这些文件是怎么回到他手里的。它
们被一个叫西比拉的海马麻利地捡起来，当时他碰
巧路过事发现场。

海马是最聪明的动物之一，全世界都知道。因此，这个
小东西发现跟着第欧根尼很容易经历很多冒险。当他知道了他
的最终下落后，把文件托付给一条鲟鱼，鲟鱼因公去过那个地方
（他要在一起诉讼中为一个商人作证，这个商人起诉另一个用蛙卵制
造鱼子酱的商人）。鲟鱼把信件给了一条导盲犬，这条导盲犬看到第欧根
尼从戴着金色饰带的人旁边冲过去时，就把包裹从门底下塞了进去。这就是
整个事情发生的经过。

现在，每个人都相信第欧根尼说的是真的，他们在想怎么才能帮助他。
这时，那个对他很友好、在他晕倒时用汤匙喂他热牛奶的男人，突然有了一
个主意。

去往巴达维亚的航班

"航班PH-XYZ明早要去巴达维亚，"他说，"他们能带上这只猫，把他装扮成邮袋，等经过非洲时，用小降落伞把他扔下去。这样偏离航道只有几千英里。"

帮他们忙的PH-XYZ飞行员认为这是个非常有意思的事，他从没有见过非洲那个地方，而且，他喜欢猫。因此，第二天一早，第欧根尼伪装成一个邮袋，被带上PH-XYZ飞机。

十分钟后他们到达1万英尺上空，飞行员把第欧根尼放出来。

"到非洲要花3天时间。这段时间我向你演示怎么使用降落伞。记住，我现在做的事完全违反公司的规定。我不可能在那儿降落。因此，你必须自己应付。但是，这些降落伞绝对安全，你不必担心。"

三天后他们真的到了非洲。

飞行员把降落伞仔细地系在第欧根尼的尾巴上。然后，打开一扇小窗，一边推他出去，一边说："开心着陆，我的孩子！"

当降落伞慢慢张开的时候，第欧根尼有种奇妙且愉快的感觉。"好了，"他自言自语，"现在旅行最糟的部分结束了。我已安全到达目的地，我有充足的理由感到满足。"

他往下看下面的地形，心脏差点停止跳动。正下方的土地上长满了巨大的仙人掌。没有什么能保护他，长长的尖刺会把他撕成碎片。

可怕的景象。离旅程的终点这么近，居然是这种下场。但是，他就像一个真正的哲学家那样安慰自己。"有什么用，"他说，"当你没交好运时，再努力又有什么用？"

他闭上眼睛。

这次真的完了。

现在笔者要利用我的权利和优势，把整个世界当作自己的活动范围，我们将愉快地从非洲一跃到美国，告诉你在那个遥远的大陆（对我们来说，很近）同时发生的事。

当第欧根尼匆匆赶去非洲、通知大象家族他们的儿子、继承人发生了什么事时，小腊肠犬答应他将继续寻找约翰爵士。

不久，他发现，没有律师寸步难行。但是，请律师要花钱。他必须挣点钱，或者说，得挣很多钱，因为律师费可不便宜。

他从一个叫"自由民"的人那里借了一把小提琴（"自由民"有个房子，里面全是小提琴），成了一个街头音乐家。他演奏得不太好，但他的演奏把人们逗乐了。因此，他得到了很多分币，晚上他把所有的钱带回家，因为除了一个真正读书的银行家，他不太相信任何其他银行。

但是，那个银行在很远的非商业区，对他来说，很不方便。

一天，一个苦着脸的人经过广场，他听到人们在笑，于是，自言自语，"啊哈！哼！这绝不行。我对这个世界上任何事都不感到快乐，因此，其他人感到快乐时就是邪恶和有罪的。"他用伞戳面条，让他停下来。但是，人群冲他喊起来，"喂，离他远点，你这个愚蠢、扫兴的老家伙！"这激怒了这个长着苦瓜脸的人。他马上打电话给警察，跟他们说布尔什维克们准备推翻美国政府，90辆巡逻车立即赶到广场。他们发现除了演奏小提琴的小腊肠犬，那儿非常安静。因为痛恨空手而回，他们问他是否有公开演奏的执照，当他说没有时，他们就逮捕了他，把他带到最近的法官那儿。

但是，很幸运，这个法官是个有幽默感的人，认为法院不必管这事，面条高兴去哪儿就去哪儿。

枪毙 ▲

那天下午，刚好有两个失业的报纸记者到治安法庭闲逛，毕竟，"谁也说不准这里会发生什么事情"。腊肠犬被拖进法庭，后面跟着867个警察，这多少是个新鲜事。法官驳回诉讼后，他们和面条交了朋友，邀请他去他们的地下酒吧。在那儿，他们给他一杯橘子汁儿（他从不碰烈酒，但是，他喜欢橘子汁儿），对他说："好的，小狗，现在你可以一吐为快了，怎么回事，尽管说出来。"

他跟他们讲了约翰爵士的事，他怎样确信他的朋友被绑架了，以及他怎样需要钱去雇一个律师做调查。

两个记者马上明白了事情的重要性。"如果我们能帮助这只狗找到他的大象朋友，我们就能出名！"他们说。因此，他们当即制订了计划。

"再听我说一遍，小狗，"两个人中的年长者开始说，"我们身无分文，穷困潦倒，但是，我们老于世故人情。你想找你的大象是因为你喜欢他，我们想找他是因为那意味着我们会有面包和奶油吃，也许还有几根香烟。有一件事我们能做，而且只有一件事。我们必须把寻找这头大象的事情变成一项神圣的事业。我们必须让孩子们感兴趣。一旦完成这一步，剩下的就简单了，我们将让所有的事情按照我们的想法发展。"

第二天下午，大纽约地区最著名的报纸之一掀起一场"还我们的大象客人以公平"的运动。运动发展到非常激烈的程度，很快，所有其他报纸都不得不潜入他们的资料库，去获取那些已经忘掉一半的事实。不到两个星期，整个国家到处都是兴奋的小男孩小女孩，每个都获准为这件事捐一美分，他们正在组成"年轻的十字军战士"队伍，这样，他们就可以还他们的大象朋友以公平，附带（但他们明显没有意识到这一点）也增加了报纸的收入。报纸正在如此有效地利用它的力量和声势，进一步推动"世界公平"的目标。

这些除了引起很大的骚动，但并没解决什么问题。约翰爵士的命运仍陷于巨大的黑暗中。孩子们真诚地关心这头可怜的大象的离奇失踪，但他们的长辈没有分享他们的感情。在一个充满麻烦的世界上，一头大象又算得了什么呢？两个新闻记者，诚心诚意地相信他们的事业，却几乎陷入绝境。除了政府的积极援救外毫无办法。唉，政府却不感兴趣。

"没错，大象显然被偷了，被剥夺了自由，可是，这有什么了不起？没有赎金要付，没有奖赏，除了报纸引起的骚动外什么都没有。"

一天，这种漠不关心突然结束。一封从埃亚西湖附近的杜根杜戈发来的美联社电报，内容如下：

聊天

西莫勒·P.胡兹思参议员、美国得克萨斯著名的花生大王昨天被一群大象绑架。来自最权威及最高当局的消息，如果美国人不努力营救整个地区最杰出的巨型厚皮动物之一托拜厄斯·埃菲拉斯男爵的儿子、年轻的约翰·埃菲拉斯爵士，参议员将被丢给鳄鱼。

这的的确确是新闻，对"十字军战士"来说这是好消息。但是，"大象怎么会变得如此聪明，居然想出这个主意"？面条的两个报社密友问他。

面条不知道答案。没人知道，但其实答案非常简单。

第欧根尼没有死。他掉下去的那块仙人掌地其实根本不是什么仙人掌地，而是几千只象鼻。他们向着飞机飞的大致方向焦急地举起象鼻，期待着已经很久没有音信的同胞的消息。

当第欧根尼向他们展示了凭证，告诉他们这件事的所有细节后，第欧根尼受到了最友好的接待。当天下午，所有的大象就向老贤者的岩洞进发，他们想就这件事向他请教。

那天傍晚，猫实际上用了三个多小时向差不多一万头大象发表演说。当他讲完后，所有人都屏住呼吸安静地站着，他们希望古杜姆·古杜姆不用问就给出建议。

说来奇怪，他正像他们所期望的那样，虽然这是他生平第一次不经请求就鲁莽地给出建议。

"向魔鬼开战，"他从他们头顶高处大声说，"记着，在这世界上人类只尊重一件事——暴力！"

下沉

39

然后，他停下来，留下他的邻居们自己思考。

狷羚打破了沉默。

"这个地区有个白人猎人，"她说，"我知道是因为他以前就在这儿。他房间的墙壁上挂满了我们兄弟姐妹、堂兄堂姐、叔叔阿姨的颅骨，他杀死他们只为满足自己的虚荣心。我们抓住他，如果他们找不到约翰爵士并释放他，我们就威胁把他扔给鳄鱼。"

剩下的你已经从前几页的美联社电报知道了。西莫勒·P.胡兹思，猎取大型猎物的猎手，被约翰爵士的父亲巧妙地从壁炉边带走。他被关在当地黑人一个老旧破败的牛栏里，白天黑夜他都能听到可怕的鳄鱼的磨牙声，六个星期内，他就会被喂给鳄鱼，"除非想办法把小约翰爵士交还他的人民"。

于是，事情有了截然不同的一面。但是，到现在已经太晚了，很难希望事情马上解决。约翰爵士失踪差不多已经半年，绑架者在路上留下的任何可能的踪迹早被雨水冲刷掉了。

在这个世界上，我们一半的生活都是由我们的神秘朋友运气先生掌握的，预想不到的事情总会发生。

儿童十字军的

河滩

努力毫无结果，联邦政府的密探实际上也一无所获。

州侦探完全失败了。私人侦探机构四处夸下海口，向政府提交巨额账单要求支付费用，但差不多也毫无用处。

一天下午，一只小老鼠出现在那家仍在继续推动儿童十字军运动的报社。两个记者坐着，闷闷不乐地喝着冰水（他们买不起其他的饮料），告诉彼此，一切都完了。

老鼠递上她的名片，上面写着：玛格丽特·蒙苏里斯小姐。

她是一只害羞的法国贵妇小老鼠。她介绍说，她属于一个古老的家族，她们跟随拉法耶特将军来到美国，她曾经阔气过，但现在她住在曼哈顿下西区一个相当不昂贵（她憎恨说"便宜"）的公寓里。前一天晚上，她出来在墙纸后面散步，偶然听到有人谈话，她确定跟被绑架的大象有关。

她清楚地听到俄亥俄州穆德维尔这个地名，被她当作绑架者的人提到，第二天一早他们必须开一辆快车到穆德维尔。因为现在联邦政府对犯罪分子

也要采取新政策，这个游戏太危险，必须将大象毁尸灭迹。玛格丽特·蒙苏里斯太激动了，以至忘了他们的确切用词，但是她已经知道很多了——约翰爵士待在俄亥俄某个地方的一个马戏团里。

报社编辑在记者告诉他们这次谈话后做的第一件事是向全城发号外。孩子们感到莫大的宽慰，兴高采烈，可怜的面条激动得心都差点炸了。但是，接下来却没什么进展。这给了犯罪分子直接的警告：当局已着手最终解决绑架之谜，但却没什么动作。

随后，他们采取了更实质的步骤。他们雇了一架专门的飞机，当天晚上，两个记者和腊肠犬到达了穆德维尔。

帐篷

他们从远处看到巨大的蚂蚁堆，这说明马戏团就在城里。飞机着陆后，他们发现联邦侦探赶在了他们前面。联邦侦探正在和一个小丑谈话，据说他是大象的好朋友，他告诉他们，马戏团的人得到约翰爵士时完全是秉诚行事，对他们来说，他只是另一个商品而已，对方开价合理。

小丑的名字叫威利·耐利①。他曾在大学当教授，但不久厌烦了这个职业，据他说，他更喜欢一直当小丑。自从约翰爵士来马戏团后，他们俩一起表演了少量喜剧，并很快成了好朋友。

"一个非常了不起的动物，"当两个记者为他拍了四十多张照片后，他跟他们说，"他是我知道的最棒的大象。友善，很有教养，异常聪明。他跟我们说，他是一位非洲绅士的儿子，但我们怎么会知道？我们差不多一年到头都在内地的这些脏地方走马灯似的表演，从来听不到什么真实的消息。我们以为自己是通过正常、普通的商业渠道得到他的。我们都很喜欢他。但是，今天早晨，他失踪了。晚上肯定有人闯进了兽栏。他们是开着卡车来的，我们发现到处都是卡车印儿。"

这是个非常令人不安的消息，因为两个记者和联邦侦探都一致认为，他们不得不对付铤而走险的犯罪分子，这些犯罪分子会不惜采取任何暴力手段除掉对他们不利的证据。

整晚都在下雨，在泥泞的路上辨认不出车辙。他们决定分头搜寻周围的乡村。记者是一路，联邦侦探是另一路。

"你也去吗？"他们问面条。但他说太累，不去了。

实际上，他根本不累。他有自己的小算盘。因为在追踪气味方面，他更喜欢依靠他自己的狗鼻子，而不只是人类的聪明和技巧。

---

① 威利·耐利，其英文Willy Nily，意思是无可奈何。——译者注

他没有像其他人那样沿着大马路找，而是根据所有动物的规则"你的鼻子最可靠"，他跟着直觉走——穿过一片低处的草地——蹚过一条小溪——穿过一片树林——爬上一座山——走下很陡的山谷——蹚过另一条小溪——爬过另一座山——突然，他前面出现一片低浅的山谷，中间是两棵老树，可怜的大象站在那儿，被沉重的铁链拴在树上，无助得像大猩猩臂膀里的新生婴儿。

伴随着一阵兴奋的低吠声，小腊肠犬飞奔下山坡欢迎他的朋友。看不到人，绑架者显然走了。他要做的就是找来他的记者朋友，还有铁匠，约翰爵士就能自由了。

网

但就在此时，一声枪响，面条感觉右肩一阵刺痛。他想跑，但右腿动不了，血流到草地上。

胆小怯懦的绑匪藏在附近一道石墙后面，此时向他冲下来。其中一个甚至用棒子打他。然后，他们抓住他的颈背，把他举向空中。

"那么现在，小朋友，"绑匪举着他说，"你想说什么？你是只聪明的小腊肠犬，不是吗？想坏我们的事？我们会给你一个教训，让你永远也忘不掉。你一直阻挠我们从你那头愚蠢的大象朋友身上赚大钱。有一阵儿你好像就要成功了。但是，我们扭转了局面。你亲爱的大象被一百磅重的链子给拴住了，帮不了你。现在就让你看看，敢妨碍我们的家伙会有什么下场，我们要活剥你的皮。"说着，他把可怜的狗扔到潮湿的草地上，从口袋里取出一把长刀打开，刀在阳光下闪闪发亮。然后，他又用左手拎起面条，右手紧紧攥住刀，口里说着，"去你的吧!一——二——"

但在他喊出致命的"三"之前，传来一阵轰隆巨响。绝望给了约翰爵士超级大的力量。他挣断了铁链，好像它们是五彩纸带，他的耳朵扑闪着，嘴巴吼叫着大象最可怕的诅咒。就在刀落在面条身上的那一刻，他冲向绑匪。

他用重重的象鼻猛地一挥，在这个胆小鬼强盗可怜的头骨上给予可怕一击，那个家伙发现自己仿佛被系了一千个蝴蝶结，不到两秒就死了。

另两个绑匪被这突如其来的一幕吓呆了，跑到树后面藏起来，他们从那儿用自动手枪对准约翰爵士射击，希望击中他的要害部位。

约翰爵士发威了

但是，约翰爵士那会儿没什么"要害部位"，子弹打过来，就跟很多蚊子咬他差不多。绑匪注意到这一点，便拼命往石墙跑，他们希望仍旧拖着沉重铁链的大象不会追他们追到那儿。然而，约翰爵士一下子跳过石墙，紧紧追赶他的敌人。

他追上他们的时候，两个记者已经放弃了跟着泥泞的车印儿找，出现在山顶上，他们亲眼目睹了这一幕可怕的景象。

象鼻挥击胆小鬼

约翰爵士抑制不住愤怒，先是抓住一个绑匪，接着是另一个，抓住他们的腿在空中使劲挥舞。然后，他故意把他们的脑袋冲石墙掷过去，他们本来希望躲在石墙后面寻找安全。

过了一会儿，联邦侦探也匆匆忙忙来到现场，已经没什么可做的了。三具尸体躺在他们摔的地方，就是那样。

"我们最好让他们留在那里，"警探的头儿说，"这些家伙没干过一件好事。实际上，他们就不该出生。"

相信我，在他一生中他从没说过比这更正确的话。

剩下的故事很容易讲。必要的手续一办完，约翰爵士马上回到纽约，陪着他的还有面条（他的爪子打着吊带）和两个记者朋友。他拒绝了拍电影或登上杂耍舞台的所有邀请，乘坐离港的第一班船返回非洲。

他和他的朋友腊肠犬的告别极其令人感动。事实上，他们哭得如此厉害，以至于那之后27天内，码头都不用清洗了。

船驶向大海，面条向站在后面甲板上的黑影挥舞着他那绑着绷带的小爪子，直到一只喷着浓烟的拖船挡住了他的视线。

然后，忠实的司机阿尔伯特小心地把他抱到车里（他因为失血还非常虚弱），把他带回奎里里。在那儿，他愉快平和地度过了余生，他教他的儿子小面条怎样区别臭鼬和猫，并且一定要记住自己把牛排埋到哪棵蔷薇下面。

六周后，约翰爵士在达累斯萨拉姆上岸。返回他的祖国丛林是一次名副其实的凯旋之旅。每一站都有地方上的动物代表团招待他。离开海岸三天后，他因为见到波吕费玛·诺恩而兴奋不已，心里怦怦直跳。她从没有对他

告别

失去信心，现在她要成为他的新娘了。

　　不喜欢公开表达感情的第欧根尼（他在这方面像在其他方面一样，是个真正的哲学家）想尽办法逃避参加庆祝活动。他以自己的脚有伤为借口告免，因为在旅途中他的脚在鲸背上被轻微冻伤，不能参加这么剧烈的活动。但是，大象们才不听这个。他们爱这个邋遢的老猫，尊敬他，把他当作他们族群的一个恩人。既然他说他不能走路，他们给他安排了一辆他自己的专车——老海龟。因此，第欧根尼向大家的好意屈服，骑到一只一百岁的老海龟背上，走在队伍前面。海龟移动得有点慢，但他是所有人期望的最稳的。

　　在他离开非洲之前，心怀感激的动物们送给他一个金桶，上面刻着相称的题字，告诉子孙这只猫曾为动物王国做过重要贡献。然后，他们让他乘头等舱去纽约，轮船公司慷慨地让他使用船上的皇家套房——就在他去非洲时乘坐的"企鹅岛号"上，他曾经在上面经历了可怕的冒险。但他谢绝了所有

这些荣誉，大部分时间都和船上的其他猫在一起，在旅行的最后一个晚上，他们为他举行了一场音乐会，"企鹅岛号"上的其他乘客到死都记得这场音乐会。

当他终于到达纽约时，照常是一通大惊小怪。准备迎接他的有高级官员委员会、毛皮工业代表团（这个安排也许略有些不妥）、喇叭（既有人类的，也有其他动物的）、大型汽车，四周还有几百个骑着摩托车的警察，全都摁着自己的警报器，好像审判日来临似的。

然而，听了一些演讲后（他是个真正的哲学家，也是个有礼貌的人），第欧根尼就以疲惫为借口离开了。他让委员会处理他的金桶，把所得交给爱护动物协会（S.P.C.A.）。然后，他让一个警察把他带回他自己住的小巷。一到那儿，他就静悄悄地钻进了他的桶子，他在里面度过了余生的大部分时光，求索那种能带给我们内心平静和灵魂满足的智慧。

不过，他每年都会按时收到来自约翰爵士和波吕费玛夫人的明信片，说他们在自己的野外家园，小象成员不断增加，还有他们的签字："给我们永远铭记的恩人。"

我很高兴说说，我们这出小悲喜剧中另一个非常重要的角色也获得了适当的奖赏。

玛格丽特·蒙苏里斯小姐极大地帮助正义得以实现，她从破旧的公寓搬出来，搬到这个大都会一家最著名的饭店的厨房。她在那儿幸福地过着安静祥和的晚年，可以独享一种非常香醇可口的老奶酪，而那些有幸认识她的人都很爱她。

现在，我们来到这本书最重要的部分。你应该记得，约翰爵士开始这次旅行并不是为了好玩儿，而是为了研究人类的文明，看看大象和其他动物是否应改变他们自己的生活方式而向白人学习。

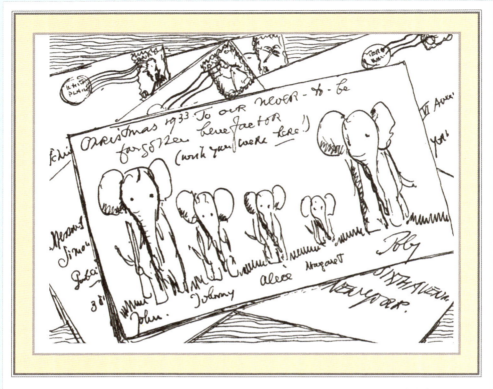

明信片

作为一个有责任感的年轻人，他花了四个月起草报告。报告完成后，来自非洲各地的大象在指定日期被召集在一起，大部分其他动物也来了，不仅仅是出于好奇，他们对这件事也感兴趣。

报告是由社区领头的秘书鸟蛇鹫朗读的，用了7个小时47分钟12秒，整个过程观众悄无声息。

报告以这样严肃的话结束："人类的文明是辉煌的、伟大的，它璀璨而令人震惊，仅就非生命物质而言，它在很多方面取得了智力所能取得的最伟大的胜利。就实际生活而言，差不多每一方面它都远远优越于我们。

但是，经过认真研究后，我得出一个令人遗憾的结论：它有某种缺失，这种辉煌成果的取得，在其内部有灾难因子，迟早会导致最悲惨和最可耻的失败。'某种缺失'是什么，唉，我不能详细告诉你们。但是，我确信：我们动物决不能效仿我们的白人邻居，因为我们仍能意识到人类已经遗忘很久的某种东西——生命只有与存在的终极真实保持密切联系，才能获得真正合乎逻辑的满足。"

报告 ▲

今天人类拒绝遵守自然的基本法则，结果，人类注定要毁灭。

此致

大象约翰敬献

秘书鸟读完最后一页后，是长达几分钟的绝对寂静。现场的每头大象和每个动物都在思考，都在努力思考。

接着，一头非常年轻的大象站起来。在号召动物放弃自己的生活方式并尽量学习其人类邻居的那场运动中，他是一个主要的带头者。他羞愧地跟当选为会议主席的约翰·托拜厄斯爵士说，请求允许他提供一个解决方案。

大家没有异议，因此约翰·托拜厄斯爵士邀请他到演讲台上来，朗读他的解决方案。

"这是个非常简短的解决方案。"年轻的大象解释说。

"快说！快说！"众多渴望的声音喊道。

"好吧，"年轻的大象说，"在这儿。"他打开一个旧信封，背面写着几个字"我的解决方案"。他宣布："简单说来就是：我们大象决定永远保留大象的生活方式。"

大家怀着狂喜的心情接受了这个方案，这已经成为众所周知的历史。这种狂喜引起了19次地震，让23条河流改变了河道，它还造成所有标注中非大湖的地图被废弃并代之以新的地图。同时，远在罗马、东京、华盛顿和蒙得维的亚的地方地震监测站报告说，在某个不确定的邻近地带，也可能是海底某处，出现了可怕的地层运动。

但是，大象和其他动物更了解情况，虽然他们绝不费神去解释。"有什么用呢？"他们问自己。

"人类不会理解，当人类无法理解某种事物的时候，他们马上开始互相攻击——只是为了站在安全的一方。"

"同时，我们大象，"他们告诉彼此，"将继续过我们安静幸福的生活。森林里有足够的饲料满足我们所有成员的需要。河里湖里有足够的水，我们不会饥渴。

"也许我们缺乏野心。

象

"或许我们应该更努力一点追求'成功'，就像白人总是互相鞭策彼此一样，虽然他们似乎很少有人真的明白'成功'是什么。"

"但是，为什么要担心这些问题呢，它们永远也无法解决。我们的世界还有很多其他的事情永远保留着它们的传统价值——对妻子的热爱和尊敬、朋友间的友谊、把孩子培养成有用的继承者时体验到的感恩的愉悦、太阳再次从远处海上升起时美丽的曙光。还有，当美好的一天结束、黑暗降临群山

炮车

53

幽谷时，当我们知道尽管我们有很多失败之处却仍然一直真诚地对待存在的永恒真实——爱、耐心和彼此的包容——时，我们获得的满足感。"

会议到下午很晚才结束，所有的动物回到他们自己的领地。

但是，有人看见一只老猩猩在一棵树前面逗留了一会儿，秘书鸟曾把约翰爵士的报告固定在这棵树上，以便让大家读起来更方便。

接着，猩猩使劲挠着右耳后面，捡起一根稻草，发出一声深深的、由衷的叹息。

他感到相当沮丧。因为他曾经看到镜子里的自己，他对自己和人类远亲的相似之处实在不敢恭维。

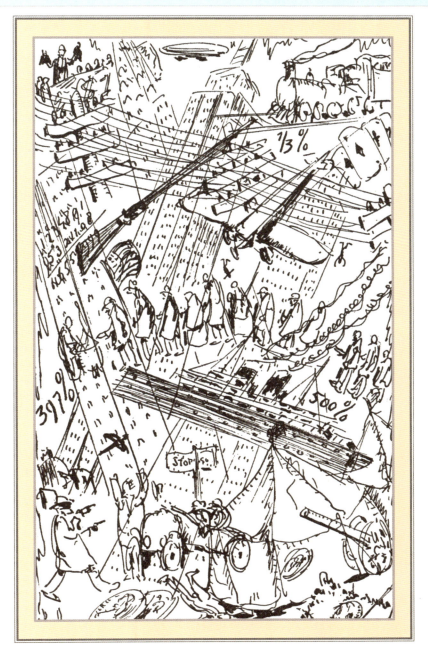

约翰爵士决不后悔他经历的这场旅行。但是，他不会再
浪费时间在无谓的游历和没用的旅行上

"真悬，"他自言自语，"真悬！差点就悔之晚矣！"他静静地回去继续玩他被打断的桥牌游戏。

约翰爵士的故事到此结束，还有他（以及他不期而遇的朋友）遭遇的奇异冒险。在那场冒险中，他们极力寻找真理，那种真相必将引领我们回到我们开始的地方——我们自身。

他决不后悔他经历的这场旅行。但是，他不会再浪费时间在无谓的游历和没用的旅行上。狷羚告诉他，在非洲腹地的玛格雷塔山脚下，有块可爱的地方，这是块白人还从未踏足过的土地。于是，他带着他年轻的妻子进入这个天堂一样的地方，之后就一直幸福地生活在那里。

不过，偶尔晚餐吃得有点马虎的时候，他会在午夜醒来，发出非常可怕的咆哮声。

一开始，这吓坏了小象们，不过，过了段时间他们就习惯了。现在，他们听到这种声音的时候只是笑笑，他们的妈妈会温暖地抱住他们，小声说："别怕，亲爱的。不用担心，爸爸只是梦到了和人类在一起的日子。"

02 搜巫者的故事

　　4个世纪以前，世界各地都相信有女巫的存在。公元1515年，日内瓦湖边，500人在三个月里被烧死；在德国，一座城市就有600个老妇人被烧死。短短几年里，整个欧洲有成千上万个男人和女人被烧死。单是一个法官就判定15000人是女巫。17世纪迷信女巫的火焰越过大西洋并蔓延到美洲。在所有的人类经历中，这是最惊心动魄、最骇人听闻的故事之一。

　　人是社会动物，因此，也是多疑的动物。

　　"塞勒姆女巫"：以前受到迫害的是又老又丑或残疾的人，但是，到了后来，即便年轻、漂亮也无法幸免遇难。塞勒姆在两年内就有20人被当作女巫而判刑

他不喜欢独自生活，因为他害怕野生动物，害怕大自然的力量。

但是，一旦在人群里生活，他就开始怀疑他的邻居。

他不再害怕远方那些藏在黑森林或躲在山洞里的敌人。

隔壁的老太太却成了潜在的敌人。

还有左边第二个街区的老男人。

还有街对面那个长相特别的女孩儿。别让我解释这个奇怪的现象。我只是偶然提到它，然后就继续我的故事。很多学术书是写巫术的。大量女巫审判事例被结集出版。很多博物馆致力于收集各种拷问工具，这些工具用来撬开某个可怜的丑婆娘——她因妒忌的邻居的伪证而被捕——那倔强的嘴，让其"自愿坦白"。但即使有所有这些资料，这个问题仍笼罩于神秘中。它庞博、复杂，证据片面。因为法官既习惯于决定问题，又习惯于决定答案。

如果烧得火红的针对他的病人起不到想要的效果，明智地运用拇指夹①就保证能获得成功。

这是个古怪的事，对这部分人类异端的调查就是通常所说的"猎女巫"。读者下次游览纽约可爱的五指湖（Five Finger Lakes）地区时，我们请他在伊萨卡岛镇（Sthaca）停留，那儿的康奈尔大学图书馆有个专门的地下室，里面装满了审判女巫的记录。

已故的安德鲁·D.怀特对知识和无知之间无止境的战争感兴趣。他的好朋友伯尔教授则对宽容感兴趣。这样的热情联合起来，造就了这个小小的大学城里怪异的各色女巫档案藏品。这些档案是从世界各地收集来的。他们从巴伐利亚、英格兰、罗马、葡萄牙和荷兰（只有这一次天主教徒和新教徒愉

---

① 拇指夹，古代一种夹拇指的刑具。——译者注

"女巫"在16世纪和17世纪：英格兰有数百名无辜的
男人和女人被控告与魔鬼是同谋（图/约翰·哈索尔）

快合作）仔细搜寻资料。在密密麻麻的材料里，呈现的是人类非人性的可
怕"协议"。随意打开一本书，任何一本，几乎每页都会让你发出恐怖的
尖叫。

这些过去的女巫审判者至少是有条理的。她们力求万全，她们认为自己
从事的是一项神圣的工作。

一个现代的医生为了抵御天花或霍乱的威胁而保护一个重要的避难所
时，也不会比她们更努力。而女巫就是14世纪、15世纪和16世纪的病菌。

第一个女巫是有名的隐多珥的女巫，我们还是小孩子时就对她很熟悉。
她在扫罗的生命中扮演非常重要的角色。扫罗是著名的希伯来领导者，死于
三千年前。但是，根据"女巫"这个词的现代意思，"隐多珥的女巫"并不
是女巫。詹姆斯国王的《圣经》翻译者生活在那种特定的迷信氛围里，称那

"凶眼"图：自埃德温·A. 阿比，他根据一个殖民时代的传说
创作，那个故事讲述了一个"与魔鬼做交易"的驼背老太婆

个女人为"女巫"——其实她是一个与灵魂打交道的通灵者——然后，这种译法保留了下来。

实际上，"隐多珥的女巫"完全是另一种人。现在，我们会把她看成是聪明的算命者，顶多如此，她并没有什么危险之处。

从远古时代开始，人们就跑去找水晶球占卜者、算命者和预言者，以获得有关不久后将发生的事情的秘密信息。今天，人们也这么做。看看随便一张英国日报的广告页，你就会明白我们是什么意思。灵魂医生向痛失孩子的父母和破产的生意人提供服务。戴头巾和不戴头巾的瑜伽修行者愿意告诉被迷住的女孩，那个英俊的年轻人会成为哪种类型的丈夫。

如果你认为这种迷信只限于北欧人，就问问你的意大利理发师或你的西西里食品杂货商有关"凶眼"的事，看看会发生什么。

他可能装出一种极其神秘的气氛，让你靠近点，对着你的耳朵嘀咕一些可怕的秘密，关于孩子们被街上遇到的老男人或老妇人夺去了视力或听力的事，你追问他更进一步的信息，并问他为什么他没叫人逮捕这么一个邪恶的人时，他会变得歇斯底里，并哀求你不要再提这个悲惨的事，以免不幸降临到他和他无辜的家人身上。当然，他只是重复某种幻想的故事，这种故事已遭到老普林尼的质疑。老普林尼（我们都知道）死于公元79年，当时他试图从庞贝地震的废墟中营救他的一些朋友。

然而，对"凶眼"的相信，肯定比罗马帝国还古老得多。因为我们在欧洲和亚洲的每个国家都发现了这个现象。我记得小时候见过刷着黑色宽条纹的荷兰农舍（条纹离地大约两英尺），给原本简单的建筑刷上这种条纹，就是为了避免房屋受到长着"凶眼"的人的影响。爱尔兰农夫嘴里只是在说"上帝保佑你"，这就是针对"凶眼"带来的可能后果的一副永久解药。朝背后吐痰的中国人遵循的是一种世代流传下来的习惯，教他通过这种公开不讲卫生的丑恶做法驱赶长有"凶眼"的敌人释放的幽灵。

在埃及，一个婴儿患病时，被归咎于一个拥有"凶眼"的未知仇敌。在那不勒斯，有关一个有着"凶眼"的新来者的模糊谣言，会让整个城镇陷入完全恐慌的状态。警察不止一次被叫来搭救那些对别人完全无害的陌生者，阻止激动的暴民在狂怒之下，对"jettatore di bambini"处以私刑，据说令人异常畏惧的男巫能使婴儿痉挛。

所有德国工厂都在制造咒符和护身符，以免受到六十个国家的"凶眼"的影响。

但是，归根到底，现代科学家对"凶眼"的了解和罗马人一样少。罗马人创造了"fascinatio"一词，也就是"咒语"，在我们现代，这个词演变为"fascination"，意思是"魅力"而不是"邪恶"。

然而，女巫游戏却跟通灵以及捕捉丑陋斜视的老妇人截然不同。这是玩

"隐多珥的女巫"：她将撒母耳的灵魂招呼到扫罗眼前（图/塞尔瓦托·罗萨）

命的游戏，受害者只有百分之一的成功率。

　　某一天，有个聪明的年轻人将会写本书，描写毫无恶意的教授们给这个世界带来多大的危害。我们坚信，不同国家之间的仇恨至少有50%应归咎于历史学家。正是这些仇恨，使得这个星球的人们最近卷入的世界大战成为可能。他们以如此无可辩驳的逻辑证明，他们自己的种族、他们自己的王朝、他们自己的市民更优越，以至于在这同一块陆地上容不下其他民族的生存空间。

　　他们遵循学术专家的生硬规则，即使诉诸一般理性，也无法使他们从笔直而狭窄的科学路径偏离一英寸。面对他们亲手制造的灾难性恶果（或者毋宁说他们的脑力劳动成果），他们会利用我们的正义感来为自己辩护。"我们"，他们宣称，"一直遵循严格的逻辑规则，照我们看来，逻辑就是自然法则，因此，我们的调查必须和至高的上帝旨意的终极目的相一致。"

中世纪的经院派哲学家（拥有天启权威的学者）在文艺复兴派敌人攻击他们缺乏人类理解力时，他们用了同样的理由。他们也遵守实用理性的每个准则。如果他们得出结论说这个世界居住着邪恶的女巫，那么，那些邪恶的女巫就活该倒霉。宁肯让一千个老妇人和年轻女孩死掉，也不能改变斯多噶派哲学家芝诺的一条规则。芝诺是最先给这个世界带来"逻辑"概念的人。

中世纪早期的经院派哲学家是活的卡片目录。他总是想把整个宇宙变成

巫师的房子：爱丁堡生活着苏格兰最著名的巫师——托马斯·韦尔上校。1670年，他和妹妹格里泽尔接受审判，在承认自己与魔鬼订立了契约之后，被判处绞刑和火刑。据说，拜伦勋爵那部《曼弗雷德的悲剧》就来自有关这对兄妹的骇人故事（图来自一幅老雕版画）

一个"体系"。确实,他的体系在某种程度上局限和拘泥于地球很小的一部分,也就是西欧。但是这又有什么关系呢?它服务于一个很好的目的。它让社会保持稳定,排斥所有那些怀疑和自我反省,而这些正是我们这个求知欲强的时代的特征。它为罗马教皇、为皇帝、为七大艺术领域那些学问渊博的博士带来安全。

当然,人类社会中那些由于这样那样的原因而拒绝被分类和贴标签的事物则会倒霉,其中就包括那些被称为女巫的不幸怪人。

起初,人们认为拥有某种超自然力量的人并不局限于女性。日耳曼早期的"Hexe"(施法者)中往往男人和女人一样多,他或她经常只是个丑陋邪恶的魔鬼,除了小黑眼睛里闪着的贪婪之光,他(她)和人类没什么相似之处。

但古代德国部落的幽灵世界(还有希腊和罗马)真的是一个"幽灵"世界。它完全是想象的,并不存在于白天。阳光一旦在远方的地平线消失,令人毛骨悚然的黑夜的子民就会离开他们阴暗的藏身角落,开始跟已经吓坏了的邻居玩恶作剧。

他们当然是可恶的讨厌鬼,他们吓得你失魂落魄,但他们不是太坏。

德语单词"Poltergeist"(敲击作响闹恶作剧的鬼)仍然有这个意思,他戏弄你,拧你的鼻子,拽你的耳朵,但他不会对着你简陋房子的烟囱吹邪恶的瘟疫咒语,不会破坏你的粮食收成或者向你的奶牛施咒。所有这些是阴暗恶毒的女巫的工作,她早在13世纪就开始她的职业了。

不幸的是,有关巫术的故事通常是由专业的历史学家讲述的。这个课题更应当属于那些专门研究神经混乱的同行。

过去被当作女巫对待的人仍和我们在一起,但是,一般来说,社会不再

在邓弗里斯沙滩上：1659年，在苏格兰西南部，9名被控有种种巫术行为的女人被烧死（图/J. 科普兰）

害怕他们。他们中多数完全无害，也绝不会引起邻居的猜疑。其他人则被送进疗养院，护士和看护们会友善地对待他们。然而，在中世纪，撒旦不只是个名字，还是个实在的个体（据说有成千上万的人看到和听到过他），女性歇斯底里的每个表现都会直接被归因于他的邪恶影响。一位疯了的妇女不是同情的对象，而是可鄙的人，她情愿向黑暗之王交出灵魂。她受到的鄙视，是我们今天用来对待那些故意感染可预防的疾病而成为社会威胁的人的。

对我们来说，嘲笑狭隘无知的女巫神学家很容易。但他们是按他们生活的那个时代的最高认知标准行事的。他们是中世纪社会的精神健康官员。如果允许这些邪恶的女巫去毁灭他人，并散播那些让本来不朽的灵魂缓慢但必然死亡的神秘知识，那么，他们就没有完成自己神圣的责任。

中世纪的社会封闭在黑暗小城和乡村的一道道窄墙里，任由上千种未知的自然力量摆布，总是处于恐慌中。在他们看来，疾病、日食、一串闪电、洪水，所有这些不是非人的自然规律的结果，而是一种邪恶意念的直接显现。

整个社会（怀着那种奇怪的正义感，这是所有稍微开化一点的人类群体中不可分割的一部分）一直在寻找用个人邪念制造灾难的人。

高级法官阁下：1486年，教皇颁布法令，下令烧死女巫，并命令宗教裁判所的法官"除掉世上的女巫"（图/让·保罗·劳伦斯）

与独自生活而招致怨恨的老妇人或者喜欢独自生活而招致更强烈怨恨的年轻女人相比，还有谁更适合充当市民的替罪羊？这两类人似乎遭受的苦难最多。

准确估计被作为女巫处决的实际人数很困难。17世纪上半叶，单是一个精力充沛的猎巫者（名叫卡普佐）就让超过15000个女巫判了死刑。照这个案例，受害者的数量肯定能达到几百万——这似乎令人难以置信。更保守的历史学家认为是二三十万——这也够多了[①]。

判定哪个宗教人群在诱捕女巫方面最积极同样困难。荣誉大概要平均分配。德国和西班牙一样乐意烧死她的女巫。新英格兰海岸的年轻殖民者对他们的女巫邻居就跟墨西哥及秘鲁的老殖民者一样猜疑。不过，随他怎么说，对受到过多指责的清教徒，公正地讲，塞勒姆地区的女巫狂热没有持续很久（仅一年多点），很多被捕的女巫最终被英国总督赦免。

[①] 注——马修·霍普金斯被任命为官方猎巫者，有优厚的薪水，靠公费走遍全英国寻找女巫。他有权逮捕任何他选中的人，几百人在他的努力下被绞死。最后，他自己却栽了，被指控为男巫，差点被绞死。

南美殖民地保留了迫害女巫的传统，直到19世纪中期，才不再烧死女巫。

非常奇怪的是，高度文明的欧洲旧大陆为猎巫的流行提供了最好（或最坏）的土壤，得到的却是经常暴发天花或霍乱的可悲回报。通常，大学是发动最恶毒攻击的中心，老的经院派学者一直是这里无可争议的主人，直到被文艺复兴时期更年轻的人逐出。

他们起初把自己的知性理想强加给一个顺从的社会，并总是对邪恶的异见者保持戒备。这些异见者胆敢否认大量魔鬼的物质存在，并且拒不相信那些骑着扫帚柄的老妇人能够在深夜穿过高空出来兜风。

中世纪（特别是12世纪、13世纪和14世纪）是一个极端的年代。一半人活得太好，而另一半活得不够好。人们要么喝得过量，要么除了水什么都没得喝；要么吃得太多太频繁，要么被饿得濒临死亡。而且他们会从一个极端向另一个极端转换，速度快得令现代人难以理解。

学术界人士属于（一般来说）那些说"不"的庞大群体。他们过着很不

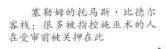
塞勒姆的托马斯·比德尔客栈：很多被指控施巫术的人在受审前被关押在此

逮捕女巫

健康的生活：住处阴暗而潮湿、吃的食物一点都不新鲜；因为缺乏像样的饮用水，他们喝大量味道浓烈的葡萄酒；他们避开女性社交圈，就像躲开魔鬼的陪伴一样。

一个水平一般的人类心理学学生就能预知这种生活对病人的精神造成的危害。猎巫成了老男人的特权，他们确实该去心理疾病科室。他们公开出版的著述大部分都非常恶心，不能在体面而受人尊敬的媒体上讨论。

不幸的是，紧随这个智力变态期之后的（仅有文艺复兴的短暂间隔），是无休止的宗教战争。17世纪早期，宗教战争让欧洲变成了大型屠宰场。经院派哲学死了，一起死去的还有它那不可思议的辩论欲，以及坚持吹毛求疵地系统化分析天地间所有事物的固执，但学究精神还在阔步前行。梦中看到的和害怕的东西（以某种不同的形式）被拖到白日中。整个这个时期有关巫术的印刷文献如此肮脏，最好把它们锁在公共图书馆里藏起来。在所有有关巫术的进一步研究中，"被诅咒的安息日"（女巫和魔鬼那种无法形容的放纵）成了备受欢迎的中心。11世纪初期，这个节会几乎不受怀疑，但它很快变得越来越重要，

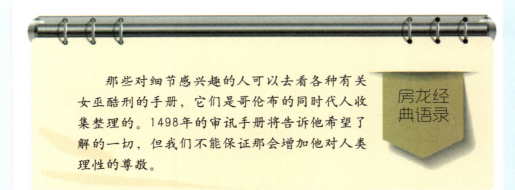

那些对细节感兴趣的人可以去看各种有关女巫酷刑的手册，它们是哥伦布的同时代人收集整理的。1498年的审讯手册将告诉他希望了解的一切，但我们不能保证那会增加他对人类理性的尊敬。

房龙经典语录

到12世纪，对多数人来说，它已经成了既定的事实，13世纪晚期，它受到宗教法庭的正式谴责。14世纪期间，一个人若要公开表达对这个撒旦节日的怀疑，就得冒着生命危险。100年以后，巫术成为一种社会威胁。

那些对细节感兴趣的人可以去看各种有关女巫酷刑的手册，它们是哥伦布的同时代人收集整理的。1498年的审讯手册将告诉他希望了解的一切，但我们不能保证那会增加他对人类理性的尊敬。

在我们生活的时代，我们喜欢回顾民众伟大而永恒的价值，倾向于为过去所有的愚蠢而指责帝王、统治者、政治家。唉！300年前的民众却是女巫最无情的敌人。监狱外沸腾的人群把每次调查都变成了闹剧，并且带着虔诚的渴望为最恐怖的残暴行为叫好。酷刑的程序没完没了。被控告的妇女屈服于拇指夹。她们的头发被拔下来。她们被扔进冰冷的水坑里淹得半死，或者被迫喝几品脱的滚水。当她们每说一个字都痛苦万分时，却被要求反复做祷告。如果她们撑过了这些无耻的折磨，就被认定是受到了那些应受痛责的魔鬼的支持，因此被视为有罪，被判处火刑或绞刑。她们没有辩护律师，也不能上诉。

反对这种人类非理性的特别表现的斗争漫长而艰苦。17世纪和18世纪最杰出的头脑为了认识女巫狂热的真实病理性质，陷于争吵和争斗中。总的来说，他们取得了成功。除了俄国偶尔对几个女巫处以私刑外，全世界都从这个特别的梦魇中解脱出来。不可避免的，审判官发现了占用他们注意力的其他事情。社会学研究的年代到来了，躁动而狂热。社会学的"猎巫者"是否比他们的前辈更理性或宽容，下一个百年会告诉你。

03 谈理想

　　这本手册是1932年4月30日，房龙先生在新奥尔良州美国图书馆协会成立前发表的演说稿。

　　"在上帝的穹顶的天空下，一个贪得无厌的社会形式是最令人乏味的。

　　"一个造就无生命物质积累的文明社会，它的主要目标和生活的目的是永远不会享受到衷心的合作以及更多的社会智慧人士的忠诚。

　　"拥有理想还是成为金钱的奴隶！

　　"我没有期待扮演忧郁的丹麦人这样的角色。因此，不言而喻，我必须对那些用自己的眼光看待生活、用自己耳朵去了解社会的人宣布：精神上的无畏是永久进步的基石。

　　"拥有理想还是成为金钱的奴隶！

　　"做出你的选择，我的朋友们，因为除此之外别无选择。"

　　所有生命的意识形式都是建立在一种确定的思维方式之上。

　　当一个巨大群体的思维方式由一种转变成另一种时，冲突产生了。

　　这种冲突可以是渐进的、平和的，我们称之为"进化"。

　　这种冲突可以是急遽的、直截了当的，我们称之为

"革命"。

我们今天的民众，正经历着有史以来最为关键和意义深远的变革。

这种变化是逐步的、平静的，还是急遽的、血腥的（像通常所发生的那样），将由以后几百年的领导来决定。

既然"总体思路"是人类最厉害的敌人，那么，就让我们尝试着探究事

总体思路是人类最厉害的敌人，让我们尝试着探究事情的根源

情的根源，以便我们可以清楚地认识到，我们来自哪里，我们现在在哪儿和我们将要去往何处。

我们是动物王国的一部分，栖身在一个小行星的坚硬的外壳上，远方的观测者有可能称我们为"来自太阳系的外星人"。

我们是在三叠纪晚期和侏罗纪早期之间就已经大规模存在的动物群。科学家们把我们划分为"哺乳动物"，这类物种的雌性动物具有一种特殊的腺（mammae 是希腊人对乳房的称呼），它分泌抚养幼仔所必需的奶汁。

来自另一个太阳系的探险，在地球表面高空飞翔，撒网去捕捉任何一种

其他的动物也能够借助声音的方法来彼此沟通——鸣声或尖叫

73

绕着海底深处爬行的动物（正如我们的一种深海探险，去勘探大西洋或太平洋，致使成吨的小鱼呼吸困难或窒息），历经这些相当大的困难，我们才被划归为不同于其他动物战利品的物种。

"人比其他动物多一点粉红色，"他们会说，"并且，明显比昆虫和厚皮的动物多一点抵御敌人的能力。人这种动物没有那么多毛，而且也不具有海洋动物的鳞。至于其他，只是培养几种水生动物。行星爱好者博物馆细心照料其中的几种，把其余的动物再送入海里。作为一项不是非常重要的研究项目，我们仔细检查的结果表明，这些动物显示出非常有趣的大脑发育状况，与那些被我们带到海洋表面的任何奇怪生物物种中的发现不同。"

当然，这样的一种看法，会让我们觉得仓促或者不公平，我们差不多有50万年的时间研究我们自己，但我们是更高级的动物吗？例如，我们能精确的知道动物和人之间确定的分界线在哪里吗？

我们相信，即使我们了解的很多，但人和动物之间确实有一个严格的界限吗？

或许我们已经从不同的角度慢慢地接近这个目标了，为了找到人和动物之间的差别，首先让我们尽力阐明人和动物的许多类似点。

除了纯粹的解剖学和生物学方面有相似点之外，动物和人之间还有五个明显的相似点。至于解剖学和生物学方面的相似点，不是我们目前讨论的内容。

而且，这些相似点，是所有活的有机体共同具有的五点特征：

为了生存，所有的生物有机体都必须有一定量的食物。

它们必须有一定量的水。

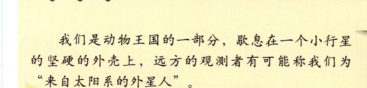
我们是动物王国的一部分，歇息在一个小行星的坚硬的外壳上，远方的观测者有可能称我们为"来自太阳系的外星人"。

房龙经典语录

它们必须有一定量的运动。

它们必须有一定量的睡眠。

那么，最后，它们一定要有繁衍种群的能力。

一切活着的生物必须遵守这五项存亡法则。为了进一步了解详情，我们去参观博物馆里已灭绝的鸟类、鱼类、爬行动物类、昆虫类和哺乳动物类，并且仔细观看博物馆内玻璃陈列柜所陈列之物。

到目前为止，一切都好，那么，人类与其他生物的区别在哪里？

我们最早的祖先，是通过什么魔术使得自己优于其他不幸的同类？

由于他具有使用他的手的能力？

但是，其他生物已经学会怎样去使用他们的手。

由于他的机械才能？

但是，其他动物已经进化到具有很高机械程度的才能。

由于他具有借助语言的手段与他的邻居进行交流的能力吗？

毫无疑问，其他的动物们也能够借助声音的方法来彼此沟通——鸣声或尖叫。

因为他能够沿着合乎逻辑的思路发展他对事物的推理能力，直到他得到明显确定的结论？

如果你很熟悉几种动物，有机会拿这些动物的逻辑推理和你最亲近的人或者关系稍远一点的同事进行比较，你就会毫不困难地回答这个问题，用一种完全不奉承人类成员的方式回答这个问题。

但某个地方的进展，在一个明确的时刻，一名野外观测者做如下陈述：

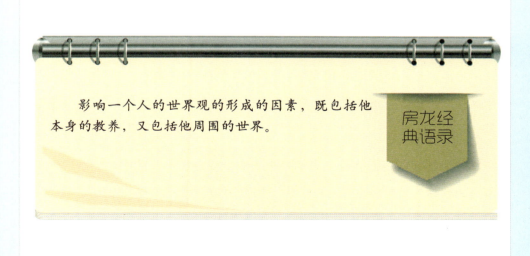

影响一个人的世界观的形成的因素，既包括他本身的教养，又包括他周围的世界。

房龙经典语录

在非常确定的一个时刻，或者确定的一天，或者确定的一年，这种不同寻常的食肉哺乳动物不再是完全意义上的动物了，在一定程度上，开始具有了人类的特征。

我将要谈到的这个问题，是相当深奥和复杂的。那么，让我将我的观察概括成几个非常简单的数学图形。

动物不会有死亡意识。我并不是说，动物不能区分死的物体与活的生命。但是，没有一个动物，也就是说，现在活着的动物不会意识到，自己会在将来的某一个时刻，不再存活于世，无法再享受简单的快乐和承受生存的痛苦。

因此，对动物来说，生命是一件无始无终的事情。或者用简单的数学语言来说，生命是一个圆圈。

但是，某一天，人类认识到了死亡。也就是这一天，人类认识到有一个确定的时刻，那一刻，地球上的生命走向了终结。生命的圆圈是不完整的、残缺的。

那么，生命就成了一条单纯的线段，正如我们所知，生命是特定的两点之间间隔的距离。

生命，必然经历着诞生，同时伴随着生命体意识的出现。然后，鲜活的生命经历了短暂的间隔期，进入了生命必须迎接的，同时也是必然发生的终结——生命的消亡。

这清楚地向我们表明，影响一个人的世界观的形成的因素，既包括他本身的教养，又包括他周围的世界。生命的消亡是突然的，是不言而喻、一目了然的事实。生命中的某些现象，在过去就已存在，并且还将继续存在下去，就如我们自己童年时代的快乐时光。而在生命的旺盛时期，每个生命个

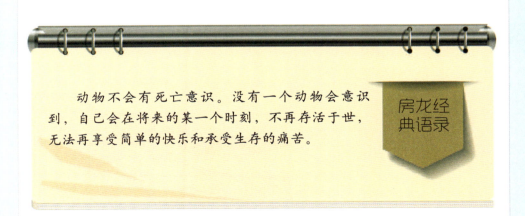

　　动物不会有死亡意识。没有一个动物会意识到，自己会在将来的某一个时刻，不再存活于世，无法再享受简单的快乐和承受生存的痛苦。

房龙经典语录

体身不由己地成了舞台上一个短暂的、令人眼花缭乱的表演者。在生命衰退时期，生命力衰弱的程度绝对地令人惊骇，没有尽头的世界缩短成几个转瞬即逝的时刻。如果人们的内心充满了悲伤和痛苦，那么，他们将无法承受这么巨大的压力。如果一个人具有适应压力的能力，但这样还不能把他自己从悲苦中迅速挽救出来，就需要从一些假想的安慰中获得勇气，比如，一个逗人的恶作剧，让他继续去面对在他看来烦人的事情。从生命本身是永恒的角度来看，答案是肯定的。那些具有想象力的安慰，可概括成一句话"生命的目的"。

为了便于讨论，请允许我对"生命的目的"进行确切定义（因为我诚挚的相信我的解释是正确的），那么，我们首先必须弄明白人生的意义是

暴风中的航船 ▶

在生命衰退时期，生命力衰弱的程度绝对地令人惊骇，没有尽头的世界缩短成几个转瞬即逝的时刻。如果人们的内心充满了悲伤和痛苦，那么，他们将无法承受这么巨大的压力。

什么。

人生的意义可以准确地概括成一句话。

人生的意义在于获得幸福。

为了便于再次讨论，请赞成我对人生意义的理解（正如我真诚的相信我的解释是正确的），那么，我们进入下一个问题："什么算作幸福？"

对于幸福，有几百种定义，下面这条对于幸福的定义似乎涵盖了所有的案例，包括各种情况和不同的年龄段：

"对于男人（或女人，或孩子）来说，能够扮演他们自己眼中完全满意的角色，就是幸福。"

请注意，我明确地说"他自己的"眼光，而不是用任何其他人的眼光，意味着即便整个世界不欣赏他的成就，但只要他自己能在他所扮演的角色中体会到满足感，他就会觉得幸福。满足感一定是来自一个人自己的内在感受。剩下的都是细节，只是微不足道的细节。

请不要立即接受有关幸福的定义，也不要因为幸福太模糊了，没有任何特殊价值而拒绝它。把幸福的定义应用到你周围的人身上，这样，你就尽可能多熟悉这些人的内在动力。因为对一个人来说，他可能永远没有其他的内在动力。像地球引力法则一样，你将发现幸福的定义不仅仅是一个便捷的、可以解释许多不同的、令人费解现象的方式。但是，你将会发现，幸福的定义在起作用，用以证明你所做的陈述正确与否。

现在，当一大群的男人或女人，恰好居住在同样的政治、气候及经济环境条件下，他们中的大多数人（本质上是群居的动物），或多或少对他们所处的环境具有同样的看法，构成一个"他们眼里理想的"角色。

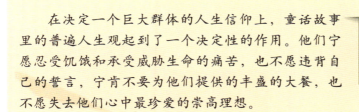
　　在决定一个巨大群体的人生信仰上，童话故事里的普遍人生观起到了一个决定性的作用。他们宁愿忍受饥饿和承受威胁生命的痛苦，也不愿违背自己的誓言，宁肯不要为他们提供的丰盛的大餐，也不愿失去他们心中最珍爱的崇高理想。

房龙经典语录

成千上万半觉醒的民众，紧密联系在一起，渴望扮演"令自己满意的角色"，而成为成千上万个体角色中的一员。正如我们所愿，我们得到了民众向往美好生活的想法和群体的观念、富有想象力的民族的理想、民族的童话故事。当我们把人类作为一种具有历史意义的动物来研究时，我邀请更多人来参与我们的研究。

当然，我知道，在这项研究上，我会非常负责任地担负起自己的职责，而那些人仅仅把人看作是一个有活力的消化器官，这个消化器官每日必须接受一定量的面包和鱼，并明显受到所给食物的数量影响。我匆忙向马克思主义思想学校的好朋友们保证，并向所有其他热衷于经济学的朋友们保证，我愿意对他们多做出些让步，以满足他们的要求。但是，我正在研究的历史告诉我们，历史仅仅讲述了部分史实，而这部分史实最符合当权者的政治和经济的目的。如果当权者做的是正确的，那么，世界上的政治大事解决起来就会简单的多了。但是，事实是，一个人希望在社会中扮演的角色和民族的童话故事一样，个人的愿望常常太过于强烈了，而不仅是需要一点面包、黄油和偶尔的一罐果酱那么简单的事。

在决定一个巨大群体的人生信仰上，童话故事里的普遍人生观起到了一个决定性的作用。他们宁愿忍受饥饿和承受威胁生命的痛苦，也不愿违背自己的誓言，宁肯不要为他们提供的丰盛的大餐，也不愿失去他们心中最珍爱的崇高理想。任何一个对过去四千年的历史一点也不熟悉的人，都会马上想起众多的以标语引导思想的例子——来证明"我们可以相信什么"，这比实际的问题"什么时候我们吃饭"具有更强烈的思想意义。

天国是殉道者们不再使用的说法。他们大多数是他们民族和个人童话故事中的英雄。他们牺牲生命是为了所谓的伟大事业。为了这项事业，他们崇高的信仰中掺杂了某种非物质因素，使得这项伟大事业具有童话故事人物的特征——勇敢无畏的精神。

否则的话，他们不会仅仅出于正义感，而冒着生命危险，干他们想干的事情。

由于不堪饥饿和疾病的折磨，法国人民冲向巴士底狱。而法国人民的童话故事中关于"自由、平等、博爱"的信仰，已深深植根于每个理想主义者探索个人幸福的过程中，成为法国民族意识的一个组成部分。最终，法国人民甘愿冒着生命危险，去试图捣毁那座可恨的封建地狱，他们向以国王为法律、法令代表的封建制度宣战。法国人民就是用这种坚不可摧的花岗岩般的精神和崇高的信仰，摧毁了封建制度。

现在，我要谈到我做出这一判断真正重要的部分。如果我在前几页中陈述的事实是正确的，那么，为什么人类？为什么我们所有的人？为什么整个世界此刻处在这样一种悲惨的境遇之下？

答案就在我刚才谈到的史实中，证明这一结论其实是十分简单的。

由于不堪饥饿和疾病的折磨，法国人民冲向巴士底狱

这些老先生们没有保存好他们
相传很久的手工艺品

所有的古老童话故事已经不适合现时代的需要了。可是，我们却没有时间和精力去创造新的童话故事，以满足这个快速变革的时代的要求。

像4世纪的罗马人、宗教改革之后的欧洲人以及大革命以前的法国人，他们生活在一个精神的真空地带，需要信仰来指明方向。

古老的信仰远远落后于我们的要求，我们不能再回到过去，而我们还没有产生新的信仰。但我们必须去除其中大量的不协调因素，使其能与这个时代相符合。

我同意这个观点，形势是有点微妙。

但是，所有的变革都是扰乱人心的。请你思考一下，生活意味着什么？只是周而复始、不断的变革吗？

我非常清楚，所有这一切与普遍流行的看法有着直接的矛盾冲突。从目前的危机来看，仅显示出经济因素的影响力，并且期望尽可能缓解这一形势（多么有吸引力的词）。这一局面本身已经清楚地表明，世界又重新恢复到

凭空想象出的愿望很少具有实际的价值，就像4世纪传播宗教信仰的信函一样，起不到任何作用。一切事情依旧是老样子，只是警察忙于处理叛逆的布道者。他们宣称，在上帝的眼中既没有富人也没有穷人。上帝把一切民众都看作是他自己可爱的孩子战前的状态了。凭空想象出的愿望很少具有实际的价值，就像4世纪传播宗教信仰的信函一样，起不到任何作用。一切事情依旧是老样子，只是警察忙于处理叛逆的布道者。他们宣称，在上帝的眼中既没有富人也没有穷人。上帝把一切民众都看作是他自己可爱的孩子。

他们的这些想法有点幼稚，就像那些善良的女公爵所做的无用祈祷一样，祈祷的目的是为了确保她们尊敬的路易国王陛下能够回到他祖先留给他的杜叶里宫。而民众代表中的邪恶暴民们应该中止他们的抱怨了，回到那些遥远的省份去。这样，局势肯定不会那么糟糕了，就像他们要人们相信的那样。

不，旧的童话故事已经消失了，而新的童话故事还没有创造出来。

因此，当前进行的不是一场经济学方面的革命，而是一场精神信仰的革命。

经济学也发挥了它的作用。

但是，即使明天一早，经济学的这辆大车，又被重新放置到四个旧轮子之上，国家动荡不安的局面，还要持续许多年才能恢复正常。

因为国家的动荡不安是缘于心理，而非实际上如此。现在，只有几百万人创造出一个新的理想王国，这种不安的情绪才会终止。在构造的美好社会中，优雅的男士和女士们乐在其中，这种生活带给了人们新的理想，它与人们对未来新社会的要求完美地结合在一起。

我们美国人是一个追求现实的民族，相信行动是解决一切问题的最好的办法。

"为什么所有这一切都是破坏性的批判？"他们会问我，"为什么不给我们一个新的理想王国？"

　　我们相信有一个专属于我们自己的上帝，尊重从中世纪以来一直到现在的所有权威。这样的一种信念成为每个人、每个民族理想精神的一个组成部分

唉，我的朋友们，理想王国的构建不是一个人的工作，也不是一小时或一天内可以完成的工作。

它需要大量的时间，需要几百万人齐心协力地去完成，并且传播到世界各地。

但严格来说，作为一名历史学家，我至少能告诉你们几个古代的童话故事。在过去的30年中，这些童话故事早被丢进纸堆中。在1914—1918年的第一次世界大战期间，这些童话故事又摧毁了人们救赎灵魂的希望。

首先，我们相信有一个专属于我们自己的上帝，尊重从中世纪以来一直到现在的所有权威。这样的一种信念成为每个人、每个民族理想精神的一个组成部分。

科学采用了"X"这个未知数，它来源于方程式，中世纪的所有算术计算都用到这个未知数。不管付出多大的努力，科学做了教会没有完成的事，科学向民众显示出"自由意志"的存在。科学可以让民众直接为自己的行为负责，可以让他们成为自己命运的主宰者，使他们相信自己，也只有他们才能为他们自己未来的命运负责。在当权者思想禁锢之下，民众几百年来一直过着所谓的"幸福、宁静的"生活，他们总是将"无说服力的托词"冠以上帝的意志的桂冠，来度过艰难、困苦的时光。民众应该砸烂这些精神枷锁，学会用他们自己的腿去走路，去空旷的田野里，远离那些神甫的影响和控制。这些神甫把自己当作上帝的直接信使，随时准备并渴望告诉民众，他们应该说什么？应该做什么？或想什么？

我们继承了18世纪以来许多富有情感的和令人满足的童话故事。这些奇怪的学说与所有的自然规律直接相对立，它坚称，所有的人类是平等的。而创建民主政治体制国家的荒诞理想正是这种观念的起源。

今天，我们开始感谢智慧的托马斯·卡莱尔的著名询问：是否上层阶级会给犹大和耶稣投出数量相同的选票？

今天，没有人会去评价按照理想构建的小的、基本的乡村社区成功与否，这些小乡村社区是理想社会的基本单位。政府只是希望小乡村社区达到一个令人满意的进步和"民有、民治、民享"的繁荣。我不知道能采取什么样的办法达到这样的目标。尽管我坚信，我们会逐渐建成一个民主的政府，并由人民中的优秀人才来管理政府、治理国家。只有数字不会让我们意识到民主社会的重要性，我们会尽早考虑将现代国家的复杂政治体制委托给人民选举出来的人来管理。该人选（不论有没有能担当此职位的智力）是全国有选举权的公民经投票选出的，票数必须占到参选票数的二分之一以上，这样的选举是非常不切实际的。由此，我们会想象出将现代战列舰的指挥官授予一名半文盲的司炉工，因为此人用花言巧语的伎俩游说了船上大多数的船员来投他的票。

我们仍然参加投票选举，尽管参加的人数日益缩减。但是，当某些人尝试让我对"民主政治"产生兴趣时，我们会说一些模棱两可的话来拒绝，然后转身去了电影院。因为这么多年来，童话故事中的信仰一直是民众为之奋斗的理想目标，而现在，它却失去了这种意义，因为今天的民众不再对"信仰"、"理想"感兴趣了。几个世纪以来，宗教所使用的策略一直支配着民众的生活，控制着民众的思想。现在，它的作用注定失效了。

有关选举这个话题，至少我还能再写十页的内容，但我不想再连篇累牍地写下去了。每名体格健全的公民都梦想成为财富积累的领军人物。积累财富是必然的，而财富的增长速度就像童话故事中的宝库一样，令人惊叹，同时社会财富的急剧增长也需要能发挥最大的利用效果。

然后我们变得富有，我们发现一个完全追逐物质财富的文明不会产生

乡村

出任何真正有思想内涵的文化，这种文化与富有智慧的男士和女士们的理想格格不入（因为那些人从来不考虑"文化"与"文明"之间的差异，在我看来，一个文明人是从吃饭用手指逐渐过渡到就餐用叉子，而一个有文化的人某种程度上已经学会怎样简练优美的操纵机械）。

50年前，我出生的时候，我们中的许多人仍然相信童话故事中的美丽的谎言：长者必然比年轻人更有智慧。而这种观念更能够影响战争中的指挥权分配，甚至影响和平协议的签署，这样就打击了年轻人热情高涨的信念。在实际作战过程中，只有年轻人不停地忙碌着以尽量减少战争伤亡，而这些伤亡正是由年长的领导者指挥不当造成的。在凡尔赛，6名德高望重、思想陈旧的老先生，顽固地相信童话故事宣扬的因果报应，他们把一个条约强加给

们发现 人类人们家物质财富的
文明不会产生出任何真正有思想内涵的文
化 这种文化与它有知慧的男士和女士们的
理想格格不入

我们，而年青一代把这个条约看作是同类相残。

这些老先生们没有保存好他们相传很久的手工艺品。修复工作的进行，是由创造出奇迹的杰出工匠们来完成的——这些行业里的杰出人才们，组织了一批人，经过多次努力后终于完成了修复工作，使我们相信行业的杰出领导人的超越本身的能力。

今天，他们中的一些人在监狱度过余生，而一些人却去世了（由他们自己造成的）。作为一个群体，他们的名誉完全丧失了，"商场上的巨人"的童话故事，就像那些人造丝绸信托财产或火柴信托财产，就像我们的国际金

随着科学的发展进步，人们对
大自然的了解更为透彻

融家的诚实正直和令人信赖的智慧一样消亡了。

为什么我不再继续书写这些枯燥乏味的内容呢？

所有四肢健全的、可以用感官感知世界的人，都会知道我所说的这些话意味着什么。古老的童话故事现在已经失去了意义，而新的童话故事还没有进入民众的大脑意识中。这就是为什么社会混乱到这种局面的原因，但那又怎么样呢？

不，恕我直言，杰出的德国历史学家几乎有着令人难以置信的博学。从斯宾格勒的角度讲，我不是一个悲观主义者。我完全同意斯宾格勒的意见：有着悠久绚烂历史的西方文明社会已到达了尽头。但那是所有的文明形式本身不可逃避的命运。就像是所有人类意料之中总会发生的，总有一天他们一定会死亡。然而，那并不意味着整个种族在确定的某一时刻同时消亡。个体消失了，而种族继续延续下去。建立在一个古老陈腐信仰基础之上的，历史悠久的文明和过时的文化终于结束了。此时，它的地位被新的文明形式所取代，从此，开创了崭新的时代。如果你想把这种观点算作悲观情绪，那就请便吧！

我好像是一个天生的乐天派，整天兴高采烈的，生命本来就应该是这样的，我们应该接受生命和生活赋予我们的一切。就像我以前已经说过的，生命只意味着一件事情，即永不停止的改变。

生命的每一种意识形态是建立在确定的思想方式上，建立在最体现信仰理想的时刻。当一大群人从一种思想方式转变到另一种思维方式时，当一大群人放弃一种信仰而接受另一种信仰时，冲突产生了。

这种冲突可以是缓慢的、平和的，在这种情况下，我们称之为"进化"。这种冲突可能是急遽的、残暴的，在这种情况下，我们称之为"革命"。

我们，今天的人们，正经历着有史以来意义最为重大和深远的变革。

但是，我们今天的人们比以往的人们能够更好地胜任工作。我们是相当的富足了。而且随着科学的发展进步，人们对大自然的了解更为透彻。科学使得我们掌握了各种自然力，科学已将这个庞大的星球变成了一个小村子。这里有足够的谷物去养活每个人；这里有足够的毛织物为每个人提供衣物；这里有足够的石头和灰浆保证为每一个人提供合适的住房；这里有大量额外的时间允许每个人都拥有一段闲暇时光。

然而，我们周围的景象，却是一幅巨大的、非常令人沮丧、绝望的画面。

画面中一定有不对的地方！正如我们所说。

但是，或许是我们错了？

难道不能稍微客观公正地承认："我们自己一定错了？"

诱惑太过于强大了。

我将只诊断目前普遍存在的社会痼疾案例，然后，我会向你提出临别忠告。你可以另请一名更有能力的革新人士来剔除社会的毒瘤。但这个诱惑人的事情太有吸引力了，关于这个话题，我需要再讲几分钟。

我不会宣称我绝对地了解事情的真实情况，但我十分强烈地怀疑，无聊和精神上的疲乏是当前我们痛苦的根源。

在上帝穹顶的天空下，一个普遍追求金钱的社会是最令人乏味的社会。

文明社会造就大量的无生命的物体，只有物质没有精神。生活的目的和主要目标是社会许多智慧人士赤胆忠心的结果，它不依赖别人的协助，是靠自己的奋斗来获取成功。希望人生顺利的最好办法是有礼貌的接受人与人之间难以逾越的冷漠。风格奇特的文化大厦，用设计怪诞的超大烫金大字"拥有理想而不是成为金钱的奴隶"来装饰，反射的金光照耀在所有的大门和门道上，一直通向壮观的成功入口。因为对历史的好奇心，文化大厦的意义就更为重要了。但是，我们几乎不能希望他们能认真对待历史，因为那些人相信"生活"而不是"谋生"，历史是未来所有人民幸福的根源。

拥有理想还是成为金钱的奴隶。

我没有渴望去扮演那个忧郁的丹麦人的角色，因而没有进一步的评判，我必须接受那些用自己的眼光看待生活、用自己耳朵去了解社会的人非同一般的宣判。精神上的无畏是永久进步的基石。

拥有理想或成为金钱的奴隶。

做出你的选择，我的朋友们，因为除此之外别无选择。

但是，在我离开你之前，让我给你几句忠告。

在目前十分沮丧的情况下，我唯一应该做的就是昂起头来，大步向前，向高山进发，期望心情由此变得轻松起来。

文明社会造就大量的无生命的物体，只有物质
没有精神。生活的目的和主要目标是社会许多智慧人
士赤胆忠心的结果，它不依赖别人的协助，是靠自己
的奋斗来获取成功

但是，非常遗憾，历史从来没有教过我们什么，它只教给了我们什么事情不能做。如果我们想要成为自己的救世主，只有一条路通往它，那就是通过自己的努力和自己摸索出来的方法。

罗马人征服了整个欧洲大陆之后，他们决定将他们国内的葡萄引入他们所占领的欧洲的每一个地区。在德国，莱茵河和摩泽尔地区的葡萄酒享誉世界。在法国，勃艮第葡萄酒和波尔多葡萄酒以及香槟酒名冠天下。在希腊，有了该国主要的物产醋栗和葡萄干。而在英国，葡萄承受着寒冷和潮湿的气候，品质大打折扣，因而只能酿出麦芽啤酒和威士忌。

一切想法都必须遵循类似的自然法则。

当然，你能移植它们，但当你这样做的时候，它们完全变成了另一种植物。它们的生长情况由土壤状况和气候条件决定，也由人们照料它们的态度决定。

我会在我平淡的叙述中，遐想片刻吗？

上帝会知道，我不是在传授沙文主义思想。我旅居过许多国家，见识了在各种政治体制下的政府，我发现没有一种我们所说的关于"种族特征"的理论，而且提出这种说法的人也不愿意接受指正意见，为创建完善的理论做准备。但是，我更偏爱受过良好教育、行为举止优雅得体的人，而不管他们是黄皮肤的人、深褐色皮肤的人，还是浅棕色皮肤的人。具有纯粹的白人血统的人，如果他举止粗鲁、行为放荡、缺少教养，我不会对他们产生好感。吸引我的将会是一名幽默的伊斯兰教徒而不是一名惹人厌的基督教徒。请不要对我期盼什么。乔治·华盛顿以其政治才能和人格魅力征服了美国人民，因而再次当选了美国总统。我坚信，美国人民会按照他们自己的方式，在他们的能力范围内解决他们自己的问题，他们希望发现一种办法，对后代具有

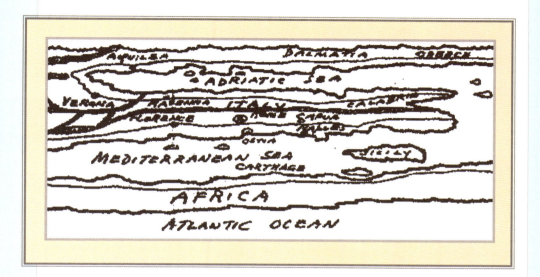

当年的罗马地图 ▲

永恒的意义。

　　这并不意味着，由于担心预料中的事成定局，而从人类社会事务中退出。我们都是在同一颗行星上行走的旅伴，各有各的生活方式，一些人喜欢蒜味香肠作早餐，而另一些人喜欢用苹果馅饼当早餐，这源于我们生长的地域环境和家族习惯。就像某些人喜欢群居，住在芸芸众生中，另一些人喜欢独处，这种结果缘于他们地理和历史环境。无论何时何地，只要我们发现对我们有价值的东西，我们就可以互相学习来增长才干。我们可以请求帮助，可以借用别人的智慧，甚而窃取别人的思想成果来为我所用。但是，归根结底，我们是我们自己客观环境的产物，是我们自己过去经历的结果，凭着我们对自己祖国的赤子之心，我们希望自己是最优秀的人才。

　　巧的是，我们既不是意大利人，也不是俄罗斯人，也不是盎格鲁—撒克逊人，不是丹麦人、土耳其人、匈牙利人、芬兰人、冰岛人、德国人、奥地利人，甚至也不是荷兰人（我知道我的根在那里）。但是有一点，永久和确定的调整，改变了或完全改观了一些事物而成为另一种事物：通过我们居住的国家的财富，通过占领广袤的领土，通过我们与生俱来就有的无限的机会。我们从来没有因为缺乏智慧和勇气受到过指责，有这两大法宝，我们一定会提出新的信仰、新的理想来满足我们内心深处渴望建设一个美好家园的愿望。

04 新锐旅行指南

中世纪有言，"条条大路通罗马"。

我们已不再生活在17世纪。那时，短短60年里，艺术家、作家、科学家、政治家和士兵都走向荷兰。即便在今天，去北欧的人们也禁不住要瞥一眼荷兰王国，那里仍然是13世纪崛起于北海的文明的中心（在某些方面是核心），这个文明从它崛起的时候开始，就在世界各地留下了烙印。

我不是要把本书写成一部历史学专著，但是，若不了解一个国家存在的形态和原因，那么拜访它将毫无用处。因此，首先要用些笔墨来解释，为什么一个曾经是一片淤泥滩和沼泽的土地会发展为一个在全球文化和政治方面起一定作用的国家，而这种作用是与这个国家的实际领土大小完全不相称的。为此，必须先回到雅典时代，找到它的原型。

从美洲或英格兰去北部欧洲大陆必须经过北海，北海是最年轻的大水域之一。第一批植物、树木和动物从欧洲中心不弄湿脚而到达英格兰以后很久，北海形成了。那时候，泰晤士河流入莱茵河，莱茵河流经英格兰东部，今天，你在地质图上沿着它的古河床可以看到。

自然大灾难导致了英吉利海峡的形成，此后，北海成了连接北冰洋和比斯开湾的一大片水域。但是它很浅，这说明它原本只是一片"被淹没的土地"。引航员到来之前几个小时，你

即便在今天，去北欧的人们也禁不住要瞥一眼荷兰王国，那里仍然是13世纪崛起于北海的文明的中心，这个文明从它崛起的时候开始，就在世界各地留下了烙印

碰巧在甲板上，就会很诧异地发现，这里有很多灯船和航标，船偶尔还会曲折行进。你其实是在数不清看不见的沙洲中间的隘谷中航行。在北海上进行的帆船比赛是一个盛大的体育赛事，不过难度很大，也很危险。

这片土地最终被淹没，可能是由于一系列雨水极多的夏天。从东部流过来的河流在寻找河口的时候，把上千万吨额外的水和泥沙泄到北海里。气候恢复正常以后，海面上就形成了一条狭长的沙丘带。在沙丘带的后面，就是一片无边无际的沼泽形成的荒原，这片荒原从沙丘蔓延到中部欧洲平原，一

发源北欧平原的大河冲刷成低地的三角洲上形成了荷兰国

直到乌得勒支省东部，或者你沿着多德雷赫特和罗森达尔之间的铁路线就能到达荒原的外围。

这片沼泽对于那些离开大陆的流浪者是一个理想的地方，它是一种礁湖，在地理特点上，与来自亚得里亚海沿岸并建立了威尼斯城的难民所占领的土地非常相像。公元前100年左右，某些日耳曼部落沿着莱茵河漂流而下。（莱茵河是一条很古怪的河。它有12000条支流，这是其他河流罕有匹及的。）早期的移民们就在默兹河支流和莱茵河之间的小块肥沃的干地上定居繁衍。其他移民受到"自由之地"传言的吸引，也去了那里。生存能力强的人活了下来。生存能力弱的人们则向西迁移。生活开始变得"正常"，终于有一天，罗马的探险家们出现在这个地方。

人们发现，莱茵河、默兹河和斯凯尔特河是军队和商队去往英格兰的方便路线。罗马人对我们今天所说的地理知识知道的很少。他们画地图的方法毫无科学性。可是，在找两点之间最直接的路线时，他们却和最先进的当代工程师一样有智慧。如果你去荷兰南部瓦尔赫伦岛上的林堡村就会发现，那里是从北海到英格兰的锚链被投下水的地方。也是在那里，海底覆盖着厚厚的古罗马雕像碎片。那些石块是罗马人顺利渡过了波涛汹涌的大洋以后，向上帝还愿留下的遗迹。这波涛汹涌的大洋总是带给这些来自地中海的旱鸭子们无限的恐惧。你看到了这些是怎样证实了我的观点。林堡正是古罗马军团去往英格兰的启航之地。罗马的工程师们发现，对于那些想到身上涂着油彩但是很容易驯服的不列颠蛮族那里碰碰运气的人来说，这个低地国家的这个地区是最方便的跳板。

至于荷兰低沼泽地的原住民，根据对当时情况记录极为有限的史料记载，他们只是徒劳地表现了几次不满，然后就心甘情愿地接受了罗马人的体制，接受了税收、监狱，以及道路、运河、堤坝和安全体系。可是，4个世纪以后，来自东欧的蛮族开始侵略罗马。驻外的军队被匆匆调回去保卫母

即使有一天大部分荷兰沿海风和日丽，你会吃惊
地看到荷兰最西部沿海仍然是风高浪急

城。于是，低地国家就处于维京人的统治之下。这个人在小说里被描写得栩
栩如生，但其实只是一个从属于某个组织的匪徒，他头上戴着老鹰的羽毛，
而不是浅顶软呢帽。

　　在8世纪和9世纪，第一批基督教传教士出现了，很快，到处都建起了修
道院，这意味着文明的回归，以及自从罗马人离开以后就分崩离析、完全废
弃的那些道路、运河、堤坝得到重新修建。对这些设施的忽视所产生的灾难
导致了须德海的修建，以及南部许多其他宽港湾的建设。

但是，虽然低地国曾经稍显繁荣，在中世纪早期，其他地区只是把他们看作一个很小的部分，完全可以忽略掉。那里只是一个由几个当地粗鲁的封建绅士统治的雾气昭昭的荒凉地方，住着一些渔民和农民，而封建绅士们则只是在罗马衰落以后留下的持续了数百年的无政府状态的土地上强行加上一些秩序而已。

当然，这些只是低地国北部的真实情况。南部地区，或者说比利时，与寒冷潮湿的北部地区相比，已经高度罗马化了，它已经成了一个名副其实的地方文明中心，但北方仍然是纯粹的"边远地区"，一个在你走到世界尽头之前到达的最后一个偏僻地区，你会把那里与海象和爱斯基摩人联系在一起。

后来，一个出人意料的奇迹，具体地说，一个经济奇迹突然发生了。鲱鱼，上帝保佑它冷冷的小心脏！决定从波罗的海游到北海去。接下来，泽兰省一位聪明的年轻渔夫发明了一种制作熏鲱鱼和加工包装的方法，鲱鱼就可

当时荷兰人富有勇气的个性远远超越了那个时代的想象

16世纪以来，荒凉的内陆地貌没有什么大的变化

以出口了。这样，北海就成了一座金矿，如果读者允许我加一点我自己的隐喻修辞的话。

中世纪人们的饮食种类很有限，节日和斋戒日却很多，这些日子里是不能吃肉的，于是，多数人很愿意在只有面包和肉却没有蔬菜的单调菜单上加上这道新菜（蔬菜在十字军东征以后很久才出现在菜单上）。突然间，北海沿岸的低地国发现，自己拥有了一个获利丰厚的垄断商品，就像盐对于威尼斯城一样。盐的商品垄断使威尼斯开始了城市的历史，也使这个骄傲的共和国公然貌视皇帝和教皇。

从鲱鱼业赚到的钱被悄无声息地用来建造更大更适宜航海的船舶，在产卵季节，鲱鱼潜到大洋深处去繁育后代，当时比较原始的渔网无法捕捉到它们，荷兰、泽兰和弗里斯兰以及其他小公国的船只就航行到波罗的海，在那里载满产自波兰和俄罗斯的谷物，再把这些谷物运到法国和西班牙以及地中海各国。在那些地方，已经耗尽的土地无法再给日益增长的人口提供足够的粮食。

据说，其实也是如此，阿姆斯特丹是建在鲱鱼骨头上的。荷兰很多其他城市也是如此。这些城市最初所享受到的繁荣就是从北海灰绿色的海水中得到的。后来，谷物贸易发展起来，因为它是有关生活必需品的贸易，荷兰人因此获得了各种利润。同时，另外一种变化横扫全国。一种航海的生活与一种独立的精神结合了起来。这种独立的精神在很多非常小的城市里产生，然而，每一个小城市又都很强大，足以公然放肆地反抗当地的伯爵、公爵和男爵，于是就形成了一种追求物质和精神自由的精神，当时，西欧和北欧王朝合并为几个大的王国和帝国，这种精神与那个时代是完全格格不入的。

如果想更认真地研究这个问题，你可以在航越大洋时带上一本莫特利写的《荷兰共和国的崛起》一书。我知道这是一本已经过时的书，但它仍是一本很好的读物。你可以略读一下关于政治问题的前页，你可能会觉得，这有点枯燥，不过，当你读到关于争取自由那一部分时，就会发现，莫特利的作品与我们当代的探险小说一样有趣。

荷兰很多城市最初所享受到的繁荣就是从北海灰绿色的海水中得到的。后来，谷物贸易发展起来，因为它是有关生活必需品的贸易，荷兰人因此获得了各种利润。这种航海的生活与一种独立的精神结合了起来 ▶

　　我最好应该把它作为关于旅行的规定阅读部分，因为我不能在此谈到那些关于低地国家与它们的身处外地的地主，哈布斯堡王朝菲利普国王之间、他们与西班牙之间以及全球其他地方的地主之间的令人难忘的斗争细节。战争持续了80年，整整三代人的时间。最初20年很可怕。但是，几乎15个世纪的与大自然搏斗的经验给了这些渔民、商人、船长以及农夫们一种顽强的性格，他们会说："不！我们宁愿毁坏堤坝，让整个国土被淹没，也不会向那个远在千里之外的大下巴的统治者屈服，由他告诉我们应该想什么、做什么，最重要的是，我们应该信仰什么。"结果是，这种顽强往往成了他们最强大的部分，也变成了他们的致命弱点。顽强的性格（我很清楚这一点，因为我也有这种性格特点）并非一种完全好的品质，但是，像其他所有思想和灵魂所具有的不那么令人愉快的品质一样，当你要在一个充满了很多事物，而多数事物又不好的世界里生存下来时，它是一种很有用的强大的力量。

　　1648年，共和国终于独立。可是，在此前的80年间，由于外部压力过于强大，反抗这些压力的抵抗也很强大，以至于这一次和平反而导致了一场名副其实的对曾经受到压抑的能量、激情、勇气、虔诚、信仰、坚忍以及一切粗暴却很健康地对人生的快乐的追逐的大爆发。这使得同时期的伦勃朗和莫里斯王子觉得"世界只是我们的牡蛎。我们要吃上几打，现在就吃"。

　　坐在世界地图前追索荷兰人跨过七大洋的征程的确有点滑稽。你会发现，纽约市东南的斯塔滕岛以及麦哲伦海峡附近的一个岛，你知道，它是与好望角南部的开阔地带平行的，同时，也是到达荷兰印度群岛的一条近路。这个岛是被发现它的人以须德海的一座小城胡安命名的。你会发现，在新地岛（去北极的飞机起飞之地）的最北角上有一座荷兰小木屋的残迹，这说明，荷兰人曾经很认真地考虑过依靠自己的力量来寻找一条经由北亚到达印度群岛的路。当到达西印度群岛的库拉索港，你会看到有着滑稽陡顶的小房子（这是为了防止大雪压坏屋顶而建的）。你还可以挖一挖艾贝尔·塔斯曼

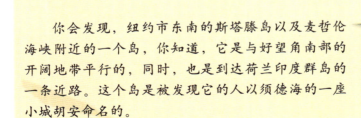

你会发现，纽约市东南的斯塔滕岛以及麦哲伦海峡附近的一个岛，你知道，它是与好望角南部的开阔地带平行的，同时，也是到达荷兰印度群岛的一条近路。这个岛是被发现它的人以须德海的一座小城胡安命名的。

房龙经典语录

第一次发现大洋洲时留在澳大利亚海岸上的锡盘子。以毛利人而著名的新西兰是以过去的泽兰岛命名的,我曾在那里快乐地生活了多年。

如果你研究长崎市旁边的德西玛岛的历史,会很惊讶地发现,在日本闭关锁国的217年里,荷兰人却成功地使日本的国门恰到好处地微开着,以便使一点西方的灯光能够点滴照进幕府将军统治的遥远国度。你会发现一位美国总统住在哈得孙河边的一个小村里,小村仍保持着它最初的名字,克鲁姆伯格,或称为弯肘,你会听到巴西最显赫的家族夸耀他们的荷兰祖籍。你会在斯匹次卑尔根群岛上发现一个鲸加工小镇的遗址,你会在格陵兰岛以东的扬马延岛、中国的台湾岛以及英属印度以南的锡兰(今斯里兰卡)发现荷兰人的墓地。这些地区都曾是荷兰的殖民地。你可以查一查一项特别的荷兰邮政业务航线,它穿过印度、波斯和小亚细亚,跟今天荷兰皇家邮政空邮的信件和客机每周从阿姆斯特丹到巴达维亚的路线是一样的。(只需8天,而第一艘荷兰船只到达爪哇岛却用了一年半时间。)

马达加斯加和印度之间的毛里求斯岛会使你想起,拿骚公国的莫里斯王子(沉默者威廉之子)把他自己的名字赐给了版图上所有河流和岛屿,而哈得孙河最早也是以莫里斯王子的名字命名的。

但是,如果你认为,你只是在参观如今遍布欧洲的历史珍品博物馆,那就是大错特错了。一个只有150万人口的国家若想要统治整个地球,很自然地,它失去了很多领土。但是也有许多领土保留下来,几天以后,在海牙和阿姆斯特丹,你会有一种微妙而神秘的感觉,好像你仍然身在一个广大的殖民帝国的中心。开普已不再是古老的荷兰王国的一部分了,虽然它仍保留着(而且现在正在迅速地重获)古荷兰语和荷兰性格。在新世界,只有6个岛和南美的一点土地还可以看见一点儿新阿姆斯特丹和奥伦治(现在叫作奥尔巴尼)的遗迹,那里曾经是荷属西印度公司的贸易区。但是,一大片足以囊括整个欧洲的领土,从直布罗陀到俄罗斯东部的乌拉尔山,或从西雅图到乔

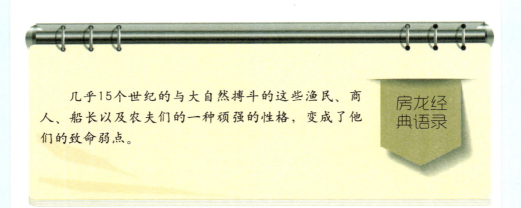

几乎15个世纪的与大自然搏斗的这些渔民、商人、船长以及农夫们的一种顽强的性格，变成了他们的致命弱点。

房龙经典语录

治亚州的海岸，都还在荷兰人手里。

我不知道他们是如何成功地统治了这么久的。仅凭武力是不可能的，因为这些殖民地的人口与母国的人口比例几乎是10：1，如果他们想要把"外国人"推进海里，他们能做到。我从来没有去过那里，不过，我愿意接受一些非常敏锐的观察家们的说法。"由于常识而变得温和了的一种顽强性格的混合体起了作用"，他们告诉我，而我也倾向于同意他们的说法。因为自从这些人建立了独立的国家，"由于常识而变得温和了的一种顽强性格的混合体"就成了他们的政治和精神口号。顽强的性格造就了他们一尝试则展现了把他们的国家变成一个全世界受压迫的人的避难天堂的价值。

这种对那些在自己国家里生活变得无法忍受的人大开国门的政策使荷兰

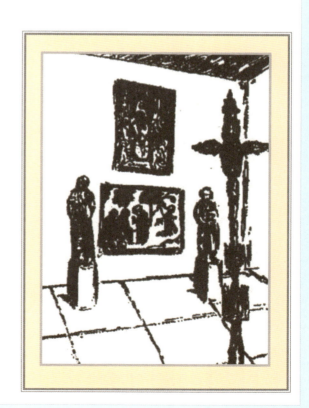

如果你认为你只是在参观如今遍布欧洲的历史珍品博物馆，那你就大错特错了

113

荷兰的火车只是一种方便迅捷的交通工具而已

成了17世纪和18世纪的大熔炉。法国胡格诺派教徒、葡萄牙的犹太人、来自哈布斯堡王朝的德国异教徒以及由于政治和宗教原因不得不离开家乡的英国人、苏格兰人，他们带来了勇气、能量和能力，做出了很大贡献，年轻的共和国成为了艺术、科学和商业中心。

最终漂流到马萨诸塞州的清教徒们发现，这个国家很不合他们的心意，这是一个广为人知的史实。但是，他们在其他地方成功的概率也是令人怀疑的。他们的荷兰主人还是很愿意让他们过太平日子的，只要他们成为归化入籍的公民（并以此为荣），并且不设法免服兵役。由于这些犹太人的优秀的子孙们毫无改变他们身份（他们是狂热的英国中产阶级小农和店主）的意愿，他们只能在独处时才能感觉完美，所以，他们迁徙到了新世界。

请不要从我的叙述中得出结论，说荷兰是一个人间天堂，那里的居民全都是纯洁无私的小天使和圣徒。17世纪的荷兰人并不比他邻国的人们好或者坏。在某些方面，他们可能更糟糕，但是，他们有过由于宗教冲突所带来的苦难的亲身经历，而且，由于他们一直都是商人，他们知道，一个想同全世界的人做生意的商人是不应该对他的每一位顾客的想法刨根问底的。

对于他们自己的持异议者（荷兰人总是善于持异议），那些不幸的异教徒被严格地剥夺了参与市政事务的权利。但是，只要他们遵守一位明智的纽约市长所说的"表面上的秩序和体面"，他们也不会受到滋扰，这一点你在参观阿姆斯特丹那些奇怪的"阁楼教堂"时可以看到（如果你对这种事情感兴趣）。在这些教堂，天主教徒们甚至都可以半公开地聚集在一起做弥撒，这种举动在任何其他纯粹新教国家都是难以想象的。

至此，多数移民都成了这个新共同体的最坚定的朋友，正是由于这种出乎意料的种族和宗教信念的融合，一个新的国家诞生了，并且，在很短时间内就轻松地在医学、数学、哲学、制药学和当时其他所有文学和科学领域确立了领先地位。

要再次说明的是，我不只是在说过去的事。在过去几年里，你在莱登大学里五分钟之内就能拜访到四位诺贝尔奖得主（如果他们允许你拜访的话，但是多数时间他们都太忙了），这说明对于科学探索的热情仍然存在。游客们，特别是那些对于现代国家的社会发展和住房问题以及老年人和病弱者的保险问题感兴趣的游客，很快就会发现，他们并非进入了一个历史博物馆，而是就生活在一个社区里，在这个小范围里，所有的问题都已经解决了，这些问题正是那些大国在更大范围内更容易忽视的。

如果你打算根据这个国家的优点而不只是它如画的风景来评判它，以上就是我提供的概括的历史背景。你可能并不能一下子就发现它那些伟大的成就，因为荷兰人像其他北方民族一样，不太善于为自己的东西做宣传。相反，他们还会尽量贬低自己的美德。在日常生活中，他们是欧洲最保守的民族。这一点，我曾说过，既是他们最大的弱点，也是他们最大的优点。

不过，你若想从旅行中获益，一开始就应该知道，在不同的国家寻找他们没有的东西不会有任何好处。如果你在荷兰，就不要指望会找到意大利的某些优点，反之亦然。在一个7天里有3天都在下雨的国家，人们并没有多少在市场里唱着欢快小调的天分。相反，荷兰人是喜欢待在室内的。我不是指体育运动方面，因为在过去30年里，体育在社会各阶层都有了长足发展。但是，荷兰仍是少数几个对"家"这个词还保留着旧的意义的国家之一。家是一个自给自足的单元。它可能会对你敞开大门，不过这要等到你跟家里的人很熟络，他们认为你会适应家里那种很特别的小气氛以后才有可能。家的气氛常常隐藏在空荡荡的前厅后面，前厅显得冷冷清清、死气沉沉，你甚至会怀疑房子里是不是真住着人。

这国家是富有活力的，有水的地方，就有生活

荷兰的火车不像我们西部的火车那样，会成为一个热闹的家庭招待会。它只是一种方便迅捷的交通工具而已，在每个小的隔间里，人人都各自消遣，或者看着报纸。不过报纸也都是反映了他们的读者关于宗教、社会、政治、艺术和科学的独特看法的。因为对于这些高度强调个人独特性的人来说，每一个人不论社会地位高还是低，都有自己的观点。结果是，即使一次对话也成了一种精神和理智上的"人人为自己"。这有点枯燥，不过有一个很大的好处：它使每个人都有更好的机会发展自己的个性。

对学习和对基本知识的要求标准都很高。在音乐和科学方面非常之高，专业的音乐家和科学家会发现，他们的专业是真正的令人赞叹的天堂。没有被那么严格地要求过的游客有时候会觉得自己不太了解情况。可是，当他看到这个国家诞生于人与自然的永恒斗争中——这种斗争从未停止过，他就会开始理解，这些人们只是他们的历史和地理环境所造就的产物，就像别人一样。

荷兰人的生存体系有它自身的缺点，但是总体上，它也有明显的优点。

请记着荷兰人饭桌上五花八门的早餐，想吃完不是易事。这也就是那个时代普通的一顿饭而已

它使一个比较小的国家能够生存下来，并且，因为这个国家能够使自己免受外国的影响，从而承担了比它的应有份额更多的世界事务。可能这些特点都不能使它具有那种气候宜人的南方地区的巨大魅力、那种多姿多彩的生活、那种欢笑的气氛和来的快去的也快的状态。但是，它有一种维持共同体统一的稳定性。奥伦治的遗迹还真是显示出了一些道理："我们会延续下去的。"如果按照日常生活的标准来重新评价这个口号，在过去的5个世纪里，它应该意味着"我们会用我们最喜爱的方式来延续我们"。看！这个体系是奏效的。

奥伦治的威廉当上起义首领以后，起义最终导致国家独立，大量的水流过莱茵河口和默兹河，从此，国家也开始了沉沉浮浮。但是，从来没有什么事情真正影响了这些平静的市民，他们从不匆忙，在快速发展的1933年里，他们照样气定神闲地走在现代城市的人流车流里，好像还是在某一条乡间小路上安静地吸着烟卷；他们庄重地研究着大量的报纸，看到伟大世界发生的种种事件，却从不觉得自己是那个伟大的世界的不可分割的一部分；他们听着这个已经的确变得疯狂的世界里发生的种种事情，朦朦胧胧地感到震惊，"你不是说真的吧"，然而同时，他们有装备最先进的航空公司，他们还债（内债和外债），他们在一个到处发生破产的世界里，却能享受到所需要的一切贷款，他们建造并驾驶着好像运河船那样慢慢航行的轮船，却总能到达目的地；他们把一生时间都用来统治像大不列颠和意大利那样的大国以后，还能心满意足地回到自己国家平静的运河上，在自家的后院种种白菜和郁金香。

我不是说这才是好的生活，我们美国人也能够或者应该尝试改变我们自己的标准，变得和那些低地国家一样。但是，在这样一个复杂的世界，商品的价格每一周都在变化，政府更迭的速度就像小报新闻标题一样快，永远有一千个新的想法、理想和理论在被尝试着，却总也不能满足需要。因此，

睁开眼看到的就是轮船 ▲

去参观这个星球上这样一个小角落会让人备觉新鲜。在这里，女王仍然可以离开宫殿去亲自办自己的事儿而不用一大堆保镖暗中护卫，银行家们可以随意走进沙龙，安静地喝一杯而不必担心胳膊下面夹着的现金；一位鼓动者可以公开演讲，以最荒谬的言辞谴责皇室以及一切现存的秩序，却不会遭到任何的"反作用力"，最多也就是有人冷淡地耸耸肩膀，偶尔会有人说句，"噢，胡说！这个家伙疯了"；质量很好的5分钱的"副总统马歇尔牌"香烟仍然能用相当于5分钱的价钱买到；人们吃东西是为了寻找乐趣，而不是为了卡路里；教士可以大声谴责不幸在星期天飞过他们国土的齐柏林飞艇，因为它是一个魔鬼的信使（它使人们忘记了安息日和它那宁静的神圣）；主张节育的人不会被扔进班房；农民们小心谨慎地在铁路一侧的堤坝上种着萝卜，而他们的儿子或是表兄们却能够通过威胁发动一场价格战来使石油大亨们敬畏上帝；橡胶和烟草的价格由那些口袋里揣着火腿三明治走进办公室的人来决定；军队被当成一个笑话，虽然这支军队的一部分士兵总是在打仗；邮政局的服务员可以比寒冬里的冰河更加从容冷淡地卖给你一枚邮

沙丘，守护陆地的孤胆英雄 ◀

纽约港

票，然后在5分钟之内给你接通在爪哇的一个偏远连线，而收费只是与纽约通话的费用的1/3（纽约比爪哇近得多）。一切都是既古老又年轻，人们对任何问题都不觉得兴奋，只对一个问题感兴趣，而我们所有人都面临这个问题："这样做行得通吗？"

你到达任何地方应该做的第一件事就是坐下来歇口气，如果很想睡觉的话，就小睡一会儿。所有的轮船时刻表都是密谋破坏游客夜间安睡的。我想这是无法避免的。哈里奇航线总是在早晨到达德国和中欧。荷兰-美国航线（如果你是从纽约直航到鹿特丹）的船总是要特别注意海潮和洋流，而洋流是不考虑人们是否觉得舒适的（这一点我们都知道），直接连接伦敦和鹿特丹的巴达维尔航线（我相信这是欧洲最古老的一条蒸汽邮轮航线）发现，在工作日开始之前扣掉一些时间对于轮船公司是很有好处的。

当然，如果你天性好奇，你会在船靠岸之前很久就起床了。而你所遭的罪也会得到足够的弥补。

首先，你会看到与天空和大海的黑暗都不同的一条细细的黑线，掠过水面的炫目强光会不时地打断这条线，就好像海鸥俯冲下来捉鱼一样。那是一排沙丘，3000年前它们保护了这个国家免受北海的侵袭。然后，船只会直接进行一些高难度的曲折前进，因为它必须直接驶入两个距离很远的防波堤之间的一条窄沟里，沙洲之间的洋流比我们的哈得孙河的洋流凶险的多，而潮汐状况却是同样的糟糕。

你的眼睛会习惯于黑暗，突然间你会想："这真是荒谬！我们正在屋顶上航行。"但是这并不荒谬。你已经悄悄地滑进防波提了。你现在就在河上，两岸的土地都在海面10英尺到15英尺以下。

黎明到来的时候，你会看到其他陌生的景象。你的两侧都是牧场，好像正在沉思的奶牛严肃地看着漂游过它们眼前的黑影，然后又回到更重要的任务上，去吃早饭了。你的任务是离开舒适的家来做一次环球旅行。对它们来说任务就是吃草。正是如此!

偶然走在堤坝上的孩子好像是跟平静哲学是一个学派的。如果在夏日里进入纽约港，每一艘单桅帆船上都挤满了来游乐的小孩子们，他们大肆欢庆，好像你是一个走失了很久的儿子，你的船则是人们期盼已久的正义的诺

水循环地随着风车从下吸到上

亚方舟。而荷兰的小孩子们，因为早晨很早就要起身去面包店或者学校，被造就的很不一样。他们不想表现得不友善。绝不是。如果你对他们挥手，他们也会向你挥手问候。但是，在那个特定的时刻你肯定是因为某个非常好的理由才在船上的，而他们也是同样因为某个非常好的理由才出现在小小的堤坝上，所以有什么大惊小怪的？

船从半速减到几乎零速。你回头看看，就会立即发现原因。船公司可不想为淹没整个国家负责，你乘的25000吨的船带起来的匀称的波浪正舔着堤坝的顶部。

终于，看见你熟悉的了——工厂！工业化可是不美。但是石头工房、轮船码头和高高的烟囱还没有完全破坏河上旧时如画的风景。这风景使你平生第一次意识到，在博物馆里看到的荷兰17世纪的风景画描绘的是多么准确而

圩田一

122

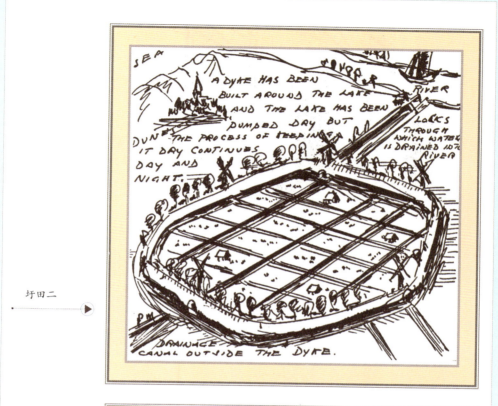

圩田二 ▶

圩田三 ▶

123

石头工房、轮船码头和高高的烟囱还没有完全破坏河上旧时如画的风景。这风景使你平生第一次意识到，在博物馆里看到的荷兰17世纪的风景画描绘的是多么准确而真实

真实。

现在，往前方看，你会发现一座被房屋和树木包围的古塔的轮廓。那就是1572年发生过大叛乱的布里勒镇（参看一下你那本莫特利的书）。现在它只是一个乡村小镇，不过它是那样一个地方，如果我们把帕斯卡关于克娄奥巴特拉的鼻子那句著名的格言（"如果克娄奥巴特拉的鼻子短1/10英寸的话，整个世界的面貌将会改观"）稍作变化，"如果当时在莱茵河口没有这座小城，整个过去400年的历史就会完全不同"。

在左侧，你会看到以前的德芙沙文村，那里因为是前辈清教徒启程前往英格兰的出发地而闻名，在英格兰，他们又被装进"婆婆纳号"和"五月花号"漏水的船舱，前往弗吉尼亚那些他们不是很了解但是有利可图的烟草地。你可能知道，"婆婆纳号"开的并不快，不得不返航。"五月花号"更不幸，它上面那些可怜的乘客连续几周都晕船，于是，它只好驶到新英格兰，无法再前进了。

过了德芙沙文村，船只开始多了起来，各种小货船开始跟他们那些越洋的姐妹们玩起了捉迷藏的游戏，因为荷兰仍是一个多数运输由运河船完成的国家。几年前亨利·福特参观荷兰，他关于发展的想法突然爆发，很严肃地建议，运河里应该全部填上沙子，改造成高速公路。这些水道同时也是排水道，如果他们消失，整个国家立即就会被淹没，这一点连著名的内燃专家都没考虑到。

但是，既然我们谈到这个问题，而且，很少人知道荷兰所谓的"圩田"是怎么建造的，我可以给你尽量简短的做个介绍。

多数的填海拓地是在16世纪"水磨"——一种风动的水泵站被改进并投入实际使用之后完成的。如果想去除一个湖，你首先在要处理的沼泽或者湖的四周建一座结实的堤坝。然后，在堤坝外挖一个沟渠，沿着沟渠建起许多水泵站。这些泵站会把水从沼泽里面吸出来，就好像用吸管从杯子里吸柠檬汁那样。然后，在干了的土地内部挖一些正方形的排水沟，剩下的工作就由泵站（现在多数泵站是蒸汽或电做动力）来完成了。

刚才从湖里抽出来的水怎么办？水被反过来倒入其他沟渠里，最后通过闸与一条大河连通。当潮水低，而沟渠水位很高时，开闸放掉多余的水。在炎热的夏天，沟渠里往往需要水，就把这个过程反过来。如果知道怎么操作，其实是很简单的。

又过了一个小时的航行，房屋开始大量出现了。自行车也多了起来。天一亮，荷兰的自行车就出现了。如果我们这个谈话里有任何关于进化的话题，那么就是在下一个世纪，荷兰的儿童们都是骑着小自行车降生的。荷兰也有汽车，不过，自行车是当地从事技术的人群不可分割的一部分。争强好胜的年轻人从很远的地方一见到你的轮船，就会立即骑上自行车和你比一比谁更快。肉店的小贩也会这么做。面包店的小伙计也是。警察也是。只有港口的引航员会坐着自己的小船，严肃而遵循礼仪地来到你面前。现在，你周围的船越来越多，从几立方英尺到20000吨或30000吨的船全都在这里。但是，他们基本上都以荷兰人的方式行动。他们各自忙各自的事儿。海关第一批接待你的本地人员也是如此。

整个世界变成了一个大的共同体，每一个国家都在本国边界竖起某种关税壁垒，以讨我们的欢心。荷兰这个传统的自由贸易国被迫成为一个关税国。但是，海关的工作人员仍然会为不得不检查你的随身行李而略表歉意。这只是一个细节，但这个细节表明，至少他们在一个方面比我们那些显赫的政治家和官员们明智。

在国外（更多的是在国内）的土地上登陆意味着到处转，直到很疲惫，心烦意乱，很想知道这个奇怪的陌生国家是什么样的。不过，荷兰的货币系统很简单。标准的硬币是一元，它的外表和交易方法都和我们的美元很像。纸币是荷兰盾和弗罗林（弗罗林是以一个荷兰伯爵弗罗瑞斯的名字命名的，他在13世纪首次发明了这种货币）。1荷兰盾约等于我们的40美分（除非我们要使通货膨胀，那样的话荷兰盾会价值更高）。最简单的价格计算方法是，把荷兰商品的价格乘以4，然后把小数点往左移一位。例如，一样东西花掉你5.2荷兰盾，你用4乘以5.2，得20.80荷兰盾。把小数点往左移一位，就是2.08美元（f3.75=＄1.50，f1.90=＄.76。f表示荷兰盾或弗罗林，＄.表示美元）。

总体上来看，因为整个国家收费并不低廉，你不用担心他们会在账单上加上月份的具体日期。就像在曼西氏商店和马狮原商店一样，在普通的荷兰商店里讨价还价是没有用的。

小费方面，10%，如果你非常满意的话，稍微多给一点，就可以一次性地解决了。另外，不用给海关的人小费。这在国内有时候行不通，在西欧则完全行不通。不要给警察小费。有轨电车的售票员要是为你指了路，或者为你破开了一张大面额钞票，你可以付他一点小费，或给他一支香烟。但是其他官员是"公务员"。小费对你来说无所谓，对他们来说可是大事。

　　还要提醒一件事。如果你是自己驾车前来，要穿过一个城市时可以请那些很适应城里喧嚣纷乱环境的孩童们帮忙。荷兰的城市和波士顿的中心区一样复杂，如果你请一位衣衫褴褛的小孩做向导，会省去很多麻烦。按他要的价钱给他一半，他还会对你龇牙咧嘴地笑，觉得你是容易上当的傻瓜。不过反正你是在旅行，谁在乎这个？一旦出了城，荷兰人的自行车俱乐部就会接管你，他们会照看你的每一步，因为再细心的母亲也不能引导她最心爱的孩子的命运。荷兰是欧洲路标标得最清楚的国家，这一点你一到法国和比利时就会带着悔意想起来。每条道路的每个拐角都有一个路标，上面标着到达下一个村子的准确距离。距离是以公里计的。你一到欧洲大陆，就发现英寸、码以及其他中世纪遗留下来的令人糊涂的错综复杂的计量单位都不见了。我不能告诉你如何把公里折算成英里。问爱因斯坦吧，他也许知道，不过我表示怀疑。（他当然知道，1公里等于5/8英里，80公里等于50英里。用6乘以公里数，再加上一点儿，17公里就是在10～10.5英里之间。）

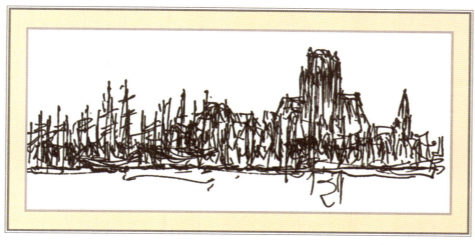

鹿特丹圣劳伦斯教堂的塔楼，隐隐约约地矗立在轮船的桅杆和大烟囱群里

去荷兰西部的高达市，可
以参观回廊和壁炉浑然成扇形
的迷人哥特式市政厅

现在的问题是，我们往何处去？假设你是独自旅行，并不在一个旅游团里。如果是随团旅行，会省去很多麻烦，当然，也失去很多乐趣。一次异国之旅应该是一次发现之旅。那意味着偶尔你会错过火车，如果你愿意阅读一下列车时刻表，而列车时刻表跟你的是一样的话，你就不太可能会错过。除非是误导人的"上午"和"下午"被漏印了，而且欧洲的时钟现在是按24小时制计时的。（减去12就得到下午时间。17：35就是17：35−12，即下午5：35。）

你不太可能在鹿特丹停留很久。鹿特丹是一个很大很有趣的工场，但是，它的工场的特点太突出了，除非一位观光客对于港口、轮船和造船厂（这是一个壮观的景象，我同意你的观点，而且在荷兰不断变幻的天空映衬下显得非常有趣）很感兴趣，他只会在这个建在罗特河（一条新近废弃的河）流入默兹河的地方的小村子停留个把小时（莱茵河流经鹿特丹的部分被称为默兹河或马斯河）。你可能会决定去海牙或阿姆斯特丹。在去火车站的路上，你会经过伊拉斯谟的雕像，他是宗教改革运动爆发前一位哲学家，面带笑容，正确的荷兰式常识的最大代表，这常识是一种美德，除非马的双亲里有一位是驴子。

于是，你要么在去海牙的路上，要么在去阿姆斯特丹的路上。我不是任何一个城市的旅馆的股东，不过，作为一位毫无偏袒之心的局外人，我建议你先在海牙待些日子，然后再带着行李去阿姆斯特丹。这样你就会发现

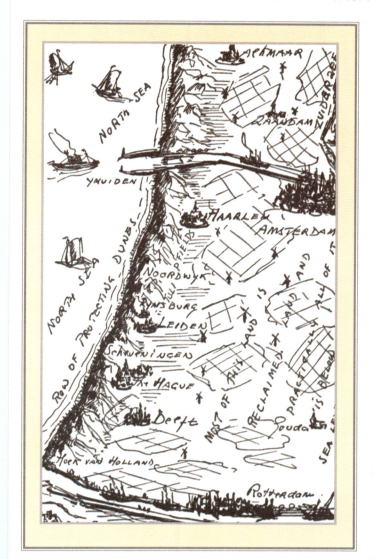

你最初4天的旅行计划

花一个上
午待在海牙

皇城里人们的生活是怎样的，他们好像无事可做，他们唯一做的事就是不做任何事。而王国的法律之都的生活，按照荷兰人的标准，则是"迅速而狂乱的"。

如果你是初次到欧洲的，我再给你一点其他建议。跟你下榻酒店的门童成为朋友，就是那位穿着天蓝色制服，看上去像海军副司令的人。他应该是无所不知的，他耳闻目睹一切（或者根据当时情况，也可能正相反），而且几乎无一例外的，他的确是这样。向他要一张城市的小地图，然后到最近的一家看起来吸引人的咖啡馆，坐下来点一杯咖啡或者别的，研究一下地形，以及你周围的本地人，做一个旅行计划。

如果你仍然有许多钱（几年前我们都是如此），尽可以雇一辆轿车带你到各处去。但是，如果你只是一个普通的市民，有轨电车会带你到任何地方，而且收费合理。如果你觉得在每一个单词都太长的国家旅行不舒服，让门童在一张纸上给你写下你可能需要的有轨电车的线路号，还有你要去的地方的名字，把这个小纸条默默地给电车售票员看一下，他就会用流利的英语告诉你，他曾经是纽波特纽斯港到阿姆斯特丹航线上的乘务员，还会问你现在要买到上好的苏格兰威士忌需要多少钱。你回答说，你认为荷兰人是一个很好的民族，而他会立即非常流利地谴责荷兰的一切，这样你就能愉快地度过一刻钟，最后，他告诉你应该在哪里下车，并让你在回到克利夫兰的家以后代他问候他在旧金山的威廉叔叔。

现在，你应该看什么，不该看什么？我得提前敬告你，每一个荷兰人天生喜欢各执己见，他们的见解跟我的一样好，或者更妙，因此他们会给你不同的建议，并且会向你暗示，我作为一个无知的移居国外的侨民，根本不知道自己在说什么。但是，如果我在荷兰有一些朋友，我要带他们在最短时间内欣赏这个国家最精彩的部分的话，我会选择下面的日程安排。

我会10点钟离开旅馆，然后先去莫瑞泰斯皇家美术馆，那里是巴西最后一任荷兰总督的家乡，现在是世界上最可爱的小型博物馆之一。它是一个标准的小型博物馆。它只展出最精华的东西，而且以最佳的方式展出这些展品。顺便说一句，如果你是结伴旅行的话，别像一群耐心的小羊羔那样聚在一起，大家应该自己看自己的，因为没有两个人会以同样的角度来欣赏绘画作品。如果你发现一个你喜欢的作品，你可以招呼一个与你观点相近的人过来，说："看这儿……"但其余的人还是在默默地漫步欣赏着。要是有人催你快点，礼貌地告诉他见鬼去吧。因为好的绘画作品就像好的音乐、美食、美酒和令人愉快的谈话一样，是需要慢慢而轻松地欣赏的。

我喜欢莫瑞泰斯皇家美术馆，因为那里有很多长凳，你可以坐在长凳上细细品味这些绘画。那里还有可以看到豪华的城堡的旧鱼池的窗户，你可

莫瑞泰斯皇家美术馆现在是世界上最可爱的小型博物馆之一。它是一个标准的小型博物馆。它只展出最精华的东西，而且以最佳的方式展出这些展品

以稍后去参观。那个小湖上面的灯光也很可爱。如果幸运，你会当场发现荷兰绘画的全部秘密。这个秘密就是光。在这片漂浮在海面上的泥地上面徘徊的，就只有光。其他国家的绘画可能会描绘更美丽的人脸、更美妙的形体或者更优雅的女性。但是光，我的朋友，一幅伦勃朗的作品里的摇曳的光才是它的神来之笔。他不仅画他的描述对象前面的光，也画他们背后的光，这些光你甚至都看不到，只能感觉到。莫瑞泰斯皇家美术馆的窗户很高，因此，在那里你能看到其他任何博物馆里都没有的光线。只有一个地方除外，那就是哈勒姆的老人之家，因为他们那里有弗兰兹哈里斯的作品。其他所有画廊都是由建筑专业的教授设计建造的。可能正是因为这个原因，他们在雨天里和芝加哥火车站一样阴沉。

还有一条与博物馆有关的规矩。一旦觉得稍有倦意，马上到最近的出口，付门卫一点小费，拿回你的相机然后离开。（门卫看上去像皇家海军司令，但他只是一个看门的，防止那些因为想象中的错误而去鞭打画家作品的怪人对弗美尔和伦勃朗进行报复。）

从莫瑞泰斯只要走几步路就到了比尼活。那里原先只是荷兰伯爵们打猎时的小舍，伯爵们称它为伯爵小屋（伯爵在荷兰语里是"Graaf"，小舍或树篱是"hag"，因此有这个名字很奇怪的谜语，'s-Gravenhage），中间的雷德兹尔是最古老的部分。现在，它是两院议员开会收听女王的年度咨文的地方。雷德兹尔右侧是今天荷兰参议院开会的地方，那里是（读读你那本莫特利的书！）旧共和国伟大的政治家约翰·范·奥尔登巴内费尔特被斩首的地方，他因为一次神学辩论而被处死，这场残忍的神学辩论使旧世界的每一页历史都蒙羞。

在你周围都是一些两个世纪以前政府高官和要员的办公室，以及曾经随心所欲地统治了世界的荷兰共和国议会，你在的这个位置几乎连续700年都

这个小镇上的人们，过着哲学家斯宾诺莎和笛卡尔的生活：一边工作，一边研究哲学打发时光

是政府所在地。

现在，如果你不想再参观博物馆了（博物馆有很多，任何一本旅行指南都会告诉你怎样找到他们），我建议你坐上一辆有轨电车去斯海弗宁恩。有轨电车走的是17世纪由惠更斯修建的古道（那是第一条建在沙丘里的路），到了斯海弗宁恩，吃点午餐，然后随便做点什么，去游泳或者小睡一会儿，或者两者都做。

午餐后，乘上一辆出租车，告诉司机带你去森林之屋（现在是一座皇宫）。那里非常安静可爱，你可以面对面地感受17世纪的庄严气氛，在别的地方你很少能感受到这一点。然后开车穿过或走过树林，这是仅存的一点树林，在罗马时代，这片森林是从比利时绵延到丹麦的，然后回到城里，再来到咖啡馆坐一坐，欣赏一下这个荷兰华盛顿的生活，安静的街道会让你想起赎罪日那一天的纽约。

如果你对这个世界有史以来头脑最清醒的人有兴趣，那么你可以结束一

这种美丽的桥正在快速地消逝中

天的行程，坐一辆出租车回去（独自一人不太容易打到出租车），然后去帕维乔斯格拉里街32号斯宾诺莎去世的那间简朴的陡顶小屋看看。斯宾诺莎曾在此摩镜片、写信。你可以想一想这个世界种种光荣的不和谐。你站在天才面前。50年前，当角落里他的雕像揭幕时，不得不动用了后备军来保护客人们免受愤怒的加尔文教徒的袭击。

我知道，我旅行的方法与通常的公共交通运输部门的做法完全不同。但只是简单地"看"一个国家有什么用？如果你想使旅行有永久的价值，就必须去感觉一个国家，去领悟它，去理解那个特定地点的男人女人们的生活方式。我自己在旅行的时候是很轻松的，常常坐下来。咖啡和矿泉水很便宜，你不一定要喝，但是，他们能让你坐下来，研究研究当地的人、警察、官员、姑娘们、络绎不绝的骑自行车的人、卖报纸的小贩、教授们以及议员

哈勒姆的尖塔已经成为整个这一带乡村的地标建筑

们（拿着公文包，留着胡须的人）、街头乞丐以及你的一些不知如何在一个好像从来不发生任何事情的小镇消磨时间的同胞们（对他们来说任何地方从来不发生任何事）。到了晚上，热心的门童会告诉你是否有一场不错的音乐会，或者如果你非看电影不可的话，可以看精彩的最新德国或者俄罗斯电影，或者你熟悉的美国片。要是这些你都不感兴趣的话，还有咖啡馆和酒吧，那里的音乐都很棒，有时候是一流的。

第二天早晨，我建议你去哈勒姆。如果你能雇得起车，雇一辆，告诉司机一出莱顿城就沿着海岸行驶。在海牙和莱顿之间，你会沿着一条迷人的古道行驶，两边是可爱的乡村房屋（还有一些很有趣的新式建筑）。在到达莱茵河的古河口，就要到达莱顿之前，告诉司机停下片刻，看一眼远处的城市。1574年西班牙人要攻取莱顿时曾经到达过那里。之后不久，荷兰人切断了莫兹河的堤坝，把荷兰一个省的整个南部地区变成了一个内陆海。他们驾

代尔夫特很多小风景使你像到了威尼斯一样

驶着平底驳船穿过被匆匆放弃的村子里的弃屋，猛攻堤坝，堤坝后面驻扎着西班牙部队，然后在更多的堤坝里挖更多的沟，直到最后，北海的咸水都灌到城里，那里充满了瘟疫、勇气、饥饿、绝望和顽强的抵抗，人们在为主权而战，直到在紧要关头，第一艘救援的船队载着身上沾满了黑色火药，淌着鲜血的小伙子们过来，船直接穿过了柳树梢，可是，镇上那些还能够站着或坐着的人们却还在慢腾腾地去教堂感谢命运赐给他们这奇迹般的恩典，而其他人却在抢夺从一千个篮子里扔给他们的食品，狼吞虎咽地吃下4个月以来的第一顿饱饭。

一旦进入城里，你可能会在大学门前驻足一会儿，虽然那里没有什么值得看的。但是，莱顿庄严的水道是值得一看的，因为这时你会突然开始理解这么小的一座大学的生活。这里真正的大学建筑非常之少，也非常简陋，彼此之间离得也很远，如果我们任何一个州的大学没有比这更好的东西，那真是非常耻辱，不过，这里的大学在几乎四个世纪里是非常严肃的学术中心。学术研究需要安静的环境。安静也是这些水道的标语。

直接去房子后面的屋子里，那里挂着弗兰斯·哈尔斯的作品

然后，在哈勒姆（当天晚上回到海牙）穿过种植郁金香的土地，很遗憾，这些郁金香在多数人们来荷兰旅游的时候从来不开，很快，你就会看到另一个城市的概貌了。它没有莱登那么幸运，因为在争取自由的战争中，饥饿使得这座城市最终投降了，参与反抗的男女被背靠背地绑在一起扔进运河里淹死，给其他敢于反抗基督教教会和受过了涂油礼的国王的邪恶的叛乱者一个教训。

哈勒姆的市场是一个吃小吃的好地方，吃完炸鳎鱼，你可以去17世纪那些仁爱的市民为吃不上饭的可怜的邻居们建的房子去看看。你不必特地去看其他的绘画作品（虽然它们很不错），但是我建议你，直接去房子后面的屋子里，那里挂着弗兰斯·哈尔斯的作品，在那里，你会遇见笔法最内行的艺术鉴赏家。这位不可思议的画家在80岁高龄做的事（他86岁去世，但是在他80岁出头的时候放弃了他从事了近30年的不赚钱的绘画事业，还把这些东西都涂乱了）非常离奇，远远超出他的同龄人，你简直不知道怎样解释。

你应该开始明白我在开篇介绍部分说的，这是一片很奇怪的土地了。它有像哈尔斯和伦勃朗这样的人，却不知道应该怎样对待他们。它让他们在赤贫中死去。它欣赏他们的作品的价值，然而，如果他们想要在济贫院里死去，那是他们自己的事。

我自己并不知道，除了在佛罗伦萨那间放着米开朗琪罗雕像的房间之外，还有什么地方像这里一样以它强烈而纯净的美丽让我突然感到震惊。不过，这种经验值得让你离开家、离开妈妈和陈旧的熟悉的景色。他们使生活有真正的意义，也许，生活就应该是这样——去追寻一种近乎神圣的终极的美。

第二天上午，如果你还有时间，应该去参观代尔夫特。这个小镇会使你想起弗美尔，也应该是这样，因为他在这里生活、画画，穷困潦倒地死去，

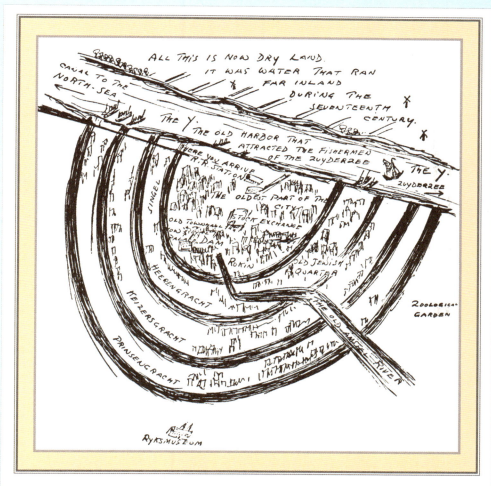

要是你略知阿姆斯特丹Y字形的半圆式格局，在这里是不会迷路的

这是很平常的事。但在古老的普林森霍夫，古代的隐修院在沉默者威廉于独立运动中失去所有个人财产以后被赠给他，你就会直面历史真相。因为就是在这里，在这些台阶上，西班牙菲利普国王雇佣的刺客把两颗子弹射入了威廉的胸膛，这正是他被杀的地方。附近的教堂里有他和其他全部奥伦治成员的坟墓。在近四个世纪里，奥伦治是低地国家不可缺少的一部分，当所有王国都要被废除的那一天到来时，选举他们第一任总统的好人们都没有其他的

候选人，要么选现任的女王，要么选她的直系后代。

接下来的一天，早晨你最好去阿姆斯特丹。你的表就是你的时间表。每半小时有一班火车。火车是电动的，非常舒适、整洁，三等座席也非常好。如果正好是郁金香花开的季节，在高高的铁路堤坝上看花比前一天在平地上看更好。快到阿姆斯特丹的时候，观察一下运河里的水。水，到处都是水，水位几乎高到了路的顶端，路也多数是堤坝。在你目所能及的地方，你的右侧全是陆地，那里不久以前还是广阔的哈勒姆和的一部分，在著名的哈勒姆围攻战中，很多重要海战发生在那里的湖上。你左边的牧场是旧Y的底部，它在阿姆斯特丹的历史上扮演过重要角色，因为它不仅是自己船只的港口，也是远达内陆的贸易动脉，是在全部工作靠风能完成的共和国时期的工业中心。

阿姆斯特丹的火车站修建得有些令人失望，在多数的国家里也是如此。它是由那些非常满意于自己新发明的人们建造的，这些人完全没有考虑当今的审美需要。火车站把城市从滨水区完全分离开了，结果城市变成了背对着自己，并向南部移动了，旧的商业中心和铁路终点被放在了北方没有水的高地上，好像是因为旧港口神圣的美遭到亵渎而进行的报复。

通常，当你到一个新的城市时，首先问问自己，"这个城市是如何兴起的"？是个很好的做法。一旦知道了它是如何兴起的，你在它的地形方面就不会有进一步的麻烦了。看一眼地图，你就能发现阿姆斯特丹是如何兴起的。首先，在12世纪，在古老的Y有一个小渔村。这个小渔村开始随着鲱鱼业的繁荣向内陆扩展。然后繁荣期到来了，地产投机商们宣称他们自己（当然是在一个合理限度之内）给那些所有在自己国家遭受宗教或者经济迫害的人们提供避难所。他们大量买进不动产，建造房屋，卖给那些一旦获得自由就立即拥入低地国的人们。人口迅速增长。

在荷兰语中，那些叫作新的"支出"，它们围绕着原来的核心呈半圆状分布。他们是今天名为赫尔哥哈赫特、凯泽斯哥哈赫特（顺便说一句，凯泽是死于1558年的皇帝查尔斯五世，不是现在的凯泽·威廉，然而，许多过于爱国的负责检查过境通行证的法国官员们却是这样认为的，他们怀疑住在那条最尊贵的街上的不幸居民是"凯泽"的邻居，所以对这些居民的检查也特别严格），以及普林森哈赫特的几条壮观的运河。沿着这些街道漫步，你会收获很多。实际上，像多数水城一样，阿姆斯特丹在行进中欣赏才最美。出租车走得太快。另外，你总是感觉出租车司机要把你抛到运河里。别怕，他们从不这么做，只是开一个小玩笑而已，就像说脖子会裂缝一样，有些毫无恶意的正骨医生非常喜欢开这个小玩笑。所以，我建议你花一整天来四处走

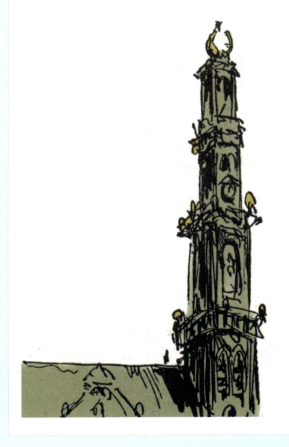

今天阿姆斯特丹的塔楼仍旧是伦勃朗画中的模样（只有更好）

141

走。有一个现象会给你留下深刻印象，那就是，人们普遍都很喜欢花。这些长年生活在这片泡在水里的地区阴郁的天空下的人们的确非常需要这些多彩的花朵陪伴。

有一个关于地中海国家的人喜欢颜色的神话。我不太确定他们是否真正喜欢颜色，他们只是碰巧生活在色彩丰富的国家而已，不过总的来说，他们像从容地去给奶牛挤奶却从不看一眼自己国家里的山峰的吃苦耐劳的瑞士人一样，对上天的这个恩赐相当淡漠。

越到北方的高处，比如瑞典、拉普兰，你会发现，人们越喜欢花。如果南部的人们喜欢花，那么荷兰人把他们自己的花砍下来空运到里维埃拉就不会赚到什么钱，实际上，他们在冬季每天都这样做，利润丰厚。

至于当地其他的奇事珍品，你最好查询一下你的旅行手册。我建议你白天有时

在你看伦勃朗著名的描绘阿姆斯特丹风景的蚀刻版画的时候，会不由自主地想到我们美国的新阿姆斯特丹（今天纽约市），简直就像是直接套了荷兰老阿姆斯特丹模子造出来的

间应该在伦勃朗的旧宅待上半个小时左右，他破产以后不得不离开那里。坐在那间小屋里想象着250年前的那种生活是一件很有乐趣的事。你会为他是如何在光线这么暗的屋子里作画感到奇怪。不过，他住在那里的时候，屋子并不暗。当时它地处郊区，那里由于大量来自西班牙和葡萄牙的犹太难民的拥入而人口迅速增多。现在房子四周的仓库、工厂使得光线完全被阻断了。即便如此，在这个房子里待上几分钟，你关于这位画家和他的作品的了解也要比我通过其他任何途径所知晓的都多。看看窗外的街道，周围生气勃勃的东方式生活与伦勃朗生活的时代没有太大的变化。阿姆斯特丹基本上是一座犹太城市，因为犹太人那永远在思考的灵活的头脑比当地人那相对缓慢的思维占了上风。结果，阿姆斯特丹有一种类似纽约的特点，那种奇怪的来得快去的也快的交谈方式。这里的笑声比其他所有荷兰城市里的笑声加起来还多。阿姆斯特丹的一位警察、侍者或者街头小贩能够在一英里以外就看到一个笑话。而在这个国家别的地方，人们只欣赏稍微老一点的笑话。

当然，还有国立博物馆，那里是一个藏有一些曾经提到过的最伟大的

远看马尔肯岛像是半悬在空中

艺术作品的大宝库。除非你非常巧妙地参观这个博物馆，它所展示给你的过量的绘画和油画会使得你对艺术失去进一步的兴趣。所以，如果你能办到的话，可以多去几次国立博物馆，每次参观的时间不必太长。你不会花费什么，还能养成进出博物馆的良好习惯，就好像你进出银行或者一个意大利教堂那样。

顺便说一句，多数人很喜欢动物园，阿姆斯特丹动物园很值得一游。对于热爱水族的人来说，水族馆实在是阴雨天不便欣赏绘画时的天赐之物（对我来说水族馆总是极具吸引力的，不过也很难说）。

直接研究骑自行车的技巧可以帮你卓有成效地填上从一个地方到另一个地方的间隔。那些技巧不够纯熟的人很小的时候就死了。活下来的人因此都掌握一种让你忌妒的高难度平衡技巧。当你坐在莱西广场，或者伦勃朗广场上，本来打算给纽约伊萨卡的家人写明信片时，你不会写很多，因为眼前是

不要指望每天晚上都睡在这样好的地方，这些客栈都是建在较为偏僻的地方

骑自行车表演，你总是会抓住同伴的手喊，"快看那个肩膀上扛着盆栽棕榈树的姑娘！"或者"看那一家子，五个小孩都塞在了自行车骨架里！"这些都无害而且令人愉快，而你的花费却很少。

当然，马肯和沃伦丹是你必须要用一整天来游玩的。须德海上著名的科尼岛的各个方面，以及那个著名的村子已经介绍了很多了，人们很容易忽略，如果你喜欢壮阔天空下平地上的风景，穿过须德河和运河的短暂旅行会使你终生难忘。当然，从天气角度来说，旅行中间会有停顿。既不能下雨，阳光也不能太强。不过，如果你刚好选择的是太阳和乌云谨慎地争夺着天宇的主人位置的那一天，你就会看到非常值得一看的风景。如果你喜欢那样的旅行，你可以安排（必然还要问问旅店的门童）一次参观，看看把须德海变成一个内陆湖的伟大工程，这个工程会把内陆湖最终变成陆地。

这次参观还要再用上一天时间，如果你不着急（为什么要着急呢？游览过多少国家并不重要，重要的是你好好地游览其中几个），乘船穿过旧时荷兰的工业要塞——桑河地区的低地区。200年前，那里的风车做着与将印度群岛运来的原材料加工成出口成品有关的大量工作。如果我没弄错，这次旅行会把你带到阿尔克马尔，如果你选对了日子，你会见到你做梦都想不到的比你一百年吃的奶酪还要多的奶酪。如果你很有商业头脑，可以把旅行扩展到特塞尔，那里是北海上最怡人的一个岛，是爱好养鸟的人的天堂。有一班不错的火车，使你能在一天里在海尔德进行忽上忽下的旅行。不过，如果你想在那多待些时间，用不着担心食宿。小一点的乡村旅店非常不错，很舒适。那里不卖《星期六晚邮报》，不过"骆驼"牌香烟和"好彩"牌香烟跟在美国一样便宜。只是，在一个生产烟草的国家为什么还要抽外国烟呢？很快，你在荷兰就能找到一个适合你口味的香烟牌子。

其他方面，你会发现旅店里极其干净，至于饭菜，如果你不是一定要吃远在4000英里之外的家乡费城的碎肉玉米炸饼或者波士顿烤豆，那么这里只

乌得勒支圆顶塔楼高度仅仅是美国帝国大厦的三分之一，但可以一览无余荷兰平坦的大地

有一个问题。你不可能吃完他们上的所有食物。第三道菜过后，你就要出去吹吹风了。在这儿，我给你一条很少有人知道的建议。为游客服务的荷兰官方信息办公室会给你提供更多细节。

就在须德河对岸，是荷兰一个很少有人参观的地方。它叫弗里斯兰省，这并不是因为它比王国的其余地区更接近北极，而是因为它最早的居民是弗里斯兰人。弗里斯兰有很可爱的湖，还有很多不错的帆船。如果你们有6个人一起（或者不到6个），就可以雇一条帆船，雇上几天，开始一场冒险之旅，这对多数游客来说是完全新奇的体验。

世界上没有任何一项运动能与一艘好的帆船顺利航行相比。这一次你真正是自己命运的主人。你要睡在甲板上，在甲板上自己做饭吃。晚上，你会在附近安静的村子里或在某个安静的湖上过夜，绝不会有嘈杂的噪声打扰你，也没有隆隆的地铁声和刺耳的火车汽笛声来使夜变得可怕。你会突然发现，满天星斗的天空比电影里描绘的最美妙的风景效果更迷人。你更会进入一个全新的作用和反作用的世界。你会学着迅速思考，会对曾经对你来说完全不可能的风险感到熟悉。撞到桥头，或者在难以控制的帆船把你推到舷外之前突然弯下身子，对那些一直过着由红绿灯来控制生活变化的人来说是愉快新鲜的体验。

那些不愿过艰苦生活、更喜欢文雅点的旅行的人们，以及那些想看一些还没有完全变得陈腐平庸的、明信片化的风景的游客，可以参考一下官方旅游办公室提供的信息，东部的省份与西部完全不同。对外国人来说，很少看到关于荷兰另一个部分的旅行介绍。我曾介绍过，当你乘火车从阿姆斯特丹或海牙去德国，你会一直在平坦的草地上行驶，直到你到达荷兰历史最为悠久的乌得勒支省。它位于荷兰中部，那里的高塔俯瞰半个王国。可是一旦出了乌得勒支火车站，风景就完全变了，你处在大欧洲平原的多沙的群山里，平原从波罗的海岸开始，从这里直到把俄罗斯和西伯利亚隔开的乌拉尔山。不过，荷兰人是关注细节的专家，他们把这些东部省份变成了一个大公园，公园与他们的民族气质很一致，严肃认真，朴实无华，而且一以贯之。

我知道，对很多人来说，我这些建议完全没有必要，因为这些特点

花点小钱，你就可以开始一段前无古人的发现之旅

对于我们的品位来说非常陌生，那些肯定要在阿纳姆、奈梅亨或者代芬特尔度过几晚的人肯定会觉得异常无聊。但这是因为，他们是从错误的角度来接近这些城市的。毕竟，每一个国家都应该以它的居民所得到的东西来被评价。国外来的游客只是来几小时或几天，狗叫几声，外国的游客路过了，再不会回来。

但是，在一个急匆匆的志在必得的人看来，太缓慢而且平静的生活怎能适应那种对任何事情都无所求的人们呢？他们很适应。如果在我们中西部一个积极进取的城市里，他们会觉得非常不开心，但是这里的人们喜欢这种生活方式。请记得，我并非在说只有一种生活方式是正确的，其他的都不是。它们都只是一种人类灵魂在这地球上短暂生活的几十年里所寻求的一种满足而已。那些喜欢寻找有趣和微妙变化的幸福的人从我所建议的考虑周到的旅行中会得到很多乐趣。其他那些此刻正在巴黎的穹顶或者罗汤德饭店里点第七杯法国白兰地的人，他们一直在问自己，"哦，他究竟在说什么"？祝这些人们好运。我对穹顶或者罗汤德负饭店没有任何意见，但那是另外一回事了。

现在，如果你看看地图（算一下那个倔强的国外游客因为没有花上15分钟时间先看看地图来一次窗口旅行而走丢的日子）会发现，在荷兰南部还有两个省：布拉班特和林堡。它们是旧荷兰共和国的两个继子。在16世纪爆发的起义运动中，布拉班特和林堡的人民仍对旧的母教保持忠诚，继续承认西班牙人的统治。北方的起义省份出人意料地取得胜利以后，这两个省继续由荷兰人统治，成了"被征服的领土"，他们权利很少，却负税很重。当地居民与征服他们的人说同一种语言，但是，他们打心底里厌恶新的加尔文教派的统治者，结果，在爱尔兰成为英国的附属国之后，他们形成了许多爱尔兰人的特点。他们没有分享北部的繁荣时代。他们的城市在一个繁忙的世界里保持着一种中世纪的冷漠超然，但是，生活在博埃·勒·杜克（在荷兰语里

多德雷赫特城市太老了，应该在太阳刚落山的擦黑时分看它的轮廓。

叫作斯海尔托亨博斯，不过英语地图总是标的法语地名）和马斯特里赫特的人们比北部加尔文教派的那些好人们保持着对生活更人性化的态度，后者总是保持着小学校长般的假仁假义的态度（我以前跟你讲过），这种态度既是他们最大的优点，也是他们的弱点。这种态度既使他们坚持自己的目标，也给了他们一种死板的态度，不能展开轻松愉快的社会生活。

实际上，对寻求新鲜的普通美国人，以及对于那些认为人生苦短、不该把时间浪费在无意义的事上的旧式美国哲学的追随者来说，博埃·勒·杜克，特别是马斯特里赫特具备一种从北方那种压抑的气氛中完全解放出来的愉快气氛。他会发现，在这里很多东西能带他回到中世纪，甚至回到罗马时代。罗马人当时已在此定居，而北方地区还是无人居住的沼泽。他会对16世纪、17世纪和18世纪存在的山口感到吃惊。可是，仅仅三四天的旅行（道路非常适宜驾车）就可以既增进知识又令人愉快。只需一点花费，非常方便地，他就能再次与从前19个世纪里遗留到20世纪的可怕的种族和宗教问题面对面了。

今天，布拉班特和林堡的人们是荷兰王国忠实的一分子。但是继子

（这个最不幸的词的最不幸的意思）终归是继子。不过，这些继子天性开朗快乐。他们很适应一种简单的生活模式。他们很勤劳（这里是一大片工业区）。他们很幽默。其余的性格特点就要你自己去发现了。

但是，如果你既没有时间也没有钱来做这次在东部边际地区的旅行，又想去看看通常意义上的"典型的荷兰的东西"，离开阿姆斯特丹以后，我建议你某天下午乘火车去多德雷赫特，在那里度过一下午，晚上在那过夜。告诉门童帮你找到从鹿特丹到米德尔堡途经多德雷赫的船。安排好你的旅行，这样第二天早晨，你就能从多尔切特上船。到下午6点你的游览才能结束，不过，你会看到在世界上其他地方看不到的海景，你还会熟悉一大堆各种各样的船只、鸟类、桥梁、渔夫和远处隐约的堤坝，这些堤坝将会在你的整个旅行中显得非常突出。

现在，多数人会这样安排到泽兰省的旅行（米德尔堡是该省的首府，泽兰是世界另一端的新西兰的母国），他们星期二到达那里的时候，正是集日。不幸的是，集日这一天成了比利时沿海地区来度夏的游客大肆玩乐的日子，所以这些岛上的农民们关闭了集日，因为他们是正派的人，不明白他们为什么要在自己祖先留下的土地上，为一些完全陌生的人来做一次庆祝游行免费给他们看。

费勒老城

但是，如果在星期二以外的任何一天到这个岛上，你绕这一点路真是太值了。如果你还能骑自行车，可以租一辆，穿过瓦尔赫伦岛，米德尔堡就在岛上。荷兰自行车协会必然还会手把手告诉你应该去哪，路上有多长时间。一天里你能游遍整个岛，不过你用两天会更好，尤其是当你的运动状态不太好的时候。

有一些老城，比如符利辛根、林堡、费勒，还有很多小村，这些地方会使你怀疑封建式的生活秩序是否比现代生活秩序有更优越的地方。毫无疑问，当地旅行社会给你一些具体的旅行建议。如果你喜欢玩斯坦利，你可以到后方的腹地，乘船渡海，到其他岛上去，参观济里克泽或者古斯，把这些地方作为你进一步旅行的中心。你会发现，那里的人们热情友好，也很乐意帮助陌生人（除了星期二，不过这是有原因的）。你还会走到一些地方，我想自从托马斯·杰斐逊开始学小提琴以来，还没有很多的美国人参观过这里。

如果想看看低地国在北方地区领先的时代之前的文明状况，你可以从泽兰乘公共汽车或者有轨电车穿过斯凯尔特，很容易地到达布鲁日和根特，这两个弗兰芒人的城市在15世纪就和荷兰共和国在17世纪一样重要。

或者，你可以乘上与每天往返于弗莱辛和英格兰之间的船连接的火车，直接去德国或奥地利。你还可以从弗莱辛乘船，几个小时后到达伦敦。这条线路是从英格兰到欧洲大陆之间水上连接最舒适的航线。也可以坐上早班火车，几个小时以后到达布鲁塞尔或者巴黎。这样你就不用感觉与世隔绝、再也看不到亲人们了。相反，这个三角形的小岛好就好在你可以在很短时间里到达几乎任何地方。

这个故事的哲理是什么？什么哲理也没有。那些仍然把欧洲看作是风景如画的西洋景，想要把具有种种现代、进步优点的美国观念灌输到毫无生气的当地人那里的美国人只是在浪费时间。不管他们到哪儿都是在浪费时间，因为欧洲对他们想要说的并不感兴趣。欧洲甚至都不愿听，或者耸耸肩膀回答："是的，我在12世纪或9世纪时听过这些，不过这些在那时就不管用了。"

那些把出国旅行看成是一系列没完没了的、带着滑稽的纸帽子的船长晚餐，想象的爵士乐和颂歌的人们，同样会从最近的出口离开，他们会去西班牙和蒙得维的亚的末代贵族常去的匹格耶大街或者比亚里茨找找真正的文章来读（欧洲的这些真正的文章越假，对他们来说就越"真实"）。

但我面对的不是这两种游客。我想的是那些越来越多的同胞，他们在过去的四年里学到了一些教训，这个教训使他们很严肃地问，当我们为了规模和速度而匆忙的时候，我们做的是不是正确的，当他们终于被一种多数人都不适应的飞快步伐弄得筋疲力尽时，他们正在很认真地寻找一种能够提供给我们某种"生活模式"而不是"谋生"机会的方法。

他们能在这里找到这种方法。在这里能找到这种方法，更是因为这里在200年前就像我们自己在不久前一样，是一个新世界的中心，在商业、科学和艺术领域都处于领先地位。在科学和商业方面，我们的贡献更多。但在艺术方面则不是很好。不过那些都属于思辨哲学，我本来只是要写本旅行指南而已。

现在，我们迫切需要的是一种看待我们自己的新观点和看待我们的未来的新角度。很快我们就不得不为未来盘点一下我们的存货，如果我们想要为一个更美好更光明的未来打下一个坚实基础的话，我们不得不非常小心的规范我们自己的想法。

如果你只是一个观光客，那么这本小册子对你来说用处不大。不过，如果你是一位与"观看者"这个词的意思有一些不同的旅行者的话，这几页纸就不是完全的浪费时间。至少我希望如此。